だます人
だまされる人

実録 知能犯刑事の
事件帳

元捜査二課係長 深沢敬次郎

元就出版社

まえがき

私は特攻隊員として沖縄の戦に参加し、何度も死の危険に遭遇し、餓死寸前でアメリカ軍の捕虜になった。収容所では日本の軍隊の組織はまったく機能せず、戦時中に部下をいじめた上官が仕返しされる光景を目の当《ま》たりにした。体力が回復すると強制労働に従事するようになり、捕虜の意見を受け入れて上官に抗議する兵隊がいたり、巡視にやってきた連隊長に話しかけられたこともあった。戦争をスポーツのように考えている兵隊がいたり、捕虜のキャッチボールの球拾いをしてくれた巡視の将校がいるなど、びっくりさせられたことが少なくなかった。鉄柵に囲われた一年三か月間の生活は、とてつもなく長く感じられたが、日本人とアメリカ人の間に考え方の違いのあることを知った。

二十一歳の誕生日に復員したが、就職難のためにやむを得ず巡査になり、日本国憲法の改正によって民主警察の道を歩むことになった。法律や法医学などを学んだが、いまだ忘れることができないのは、心理学の教授から「相手の立場に立ってものを考えるようにしてください」と教えられたことだった。

半年間の交番勤務ののち、山の中の小さな警察署に転勤になったが、図書館もなければ映画館などの娯楽施設が何一つなかった。退屈をまぎらすために読書会に入り、会員にすすめられた一冊の本を読んだ時、全身が震えるほどの感動を覚えた。犯罪捜査のために別荘を訪れ、著名な学者や作家の話を聞く機会に恵まれるといっそうの拍車がかかり、いつの間にか本の虜《とりこ》のようになってしまった。

昭和二十七年に都市の警察署に転勤になり、留置場の看守になった。被疑者だけでなく保護された酔っ払いを取り扱っていたが、すべての留置人を呼び捨てにしていた。ところが、公職選挙法の違反で村長さんが収容されると、どうしても呼び捨てにすることができず、それ以降はすべての留置人に「さん」をつけて呼ぶことにした。

その後、鑑識や捜査内勤を経てふたたび交番に勤務し、巡査部長に昇進すると外勤や交通の勤務に従事した。警部補に昇任して捜査係長になったが、このころから「私の人生は付録みたいなものだ」と考えるようになった。初めて取り組んだ取り込み詐欺では手形の勉強を余儀なくされ、詐欺師たちの巧みな弁解にてこずったりした。

前橋署の捜査二課に勤務すると、詐欺や暴力団犯罪だけでなく、汚職や選挙違反の捜査に従事するようになった。犯罪になるかどうかわかりにくいだけでなく、警察権は民事に介入できない原則があったから捜査も慎重にしなければならなかった。

前科がたくさんあると悪質だと思いがちであるが、真の詐欺師は警察に捕まるようなヘマなことはしない。ある詐欺師は、「ウソも千回くり返せば真実になる」と豪語していたが、真実だといい通せばウソがばれないということらしい。詐欺師といっても特別な人間であるわけではなく、時には会社の社長さんであったり、ブローカーであったりする。詐欺師とわかっていれば警戒することもできるが、素人に見抜かれるようなことをするはずがない。知能犯刑事だって詐欺師に煙に巻かれることもあるし、時には弁護士だって手玉にとられることもあるという。被害を回復しようとしてだまされてしまうこともあり、素人がだましのプロに勝てるわけがない。

被疑者がウソをつくだけでなく、時には被害者や参考人がウソをついていることもある。だまし合いの戦いで、負けた方が被害者になり、勝った方が告訴さることもあり、まじめな人の話だから信用できるが、ふまじめの人だから信用できないと単純に決めつけることはできない。

詐欺師のことをもっともよく知っているのは仲間であり、暴力団のことを知っているのは暴力団関係者ということになる。ところが、参考人から捜査の手の内が相手に漏らされてしまうこともあり、それらも考慮しなくてはならない。贈収賄や公職選挙法違反の捜査にあっても似たようなことがあり、情報が入ってきても決め手がないことがしばしばある。

どんなに巧妙に仕組まれた犯罪であっても、人間の知恵から生まれたものである以上、完全犯罪というものはありえない。捜査に当たる警察官に心理学者のような判断を求めるのは無理としても、犯罪者の心理を理解するように心がけることは大切なことである。

どうして黙秘をつづけているのか、そのことがわかってくると、そこからナゾを解く糸筋を見つけることができたりもする。見方によっては犯罪の捜査や取り調べというのは、犯罪者と捜査員の戦いといえなくもない。

定年が近づいてきた時、満足に休むことができなかった身と心を休めるため、早期に退職することにした。はっきりしたプログラムがなかったため、読書をしたりテレビを見たり、ドライブするなどしていたが、だんだんと物足りなさを覚えるようになった。日記帳やスクラップなどを整理しながら原稿を書き始めたが、三日坊主に終わることなくいつまでもつづいた。本になるなんて考えていなかったのに、新聞に紹介されたことがきっかけになり、地元の「あさを」社から『捜査うらばなし』として出版され、それが親本となって「中公文庫」から『いなか巡査の事件手帳』として出版された。

イラク戦争が始まった時、戦争の体験談を書くことを思い立ち、「元就出版社」から『船舶特攻の沖縄戦と捕虜記』を出版することができた。最近、リホームや偽装などだましと思える事件が多発しており、『だます人 だまされる人』について書くことにした。これは捜査係長として十六年間に取り扱った事件記録であり、『いなか巡査の事件手帳』の姉妹編である。

戦争や捕虜の体験がなかったら、読書をつづけることができなかったら、マイペースの生き方ができなかったのではないか。警察官として過ごした三十五年の間、犯罪者はもちろんのこと、浮浪者や酔っ払いやギャンブル依存症に陥った人などに接してきた。学ぶことなんかないと思っていた犯罪者からは貴重な体験を聞かせてもらい、被害者と被疑者の双方の立場に立ってものを考えることができるようになった。捜査しながら学び、考えながら捜査をしてきた一人の刑事の物語として読んでいただけたら幸いです。

だます人　だまされる人

目次

ウソ発見器の効用

山の中の小さな警察署の捜査係長になったが、大きな事件や事故の発生はなかった。白骨や腐乱死体の検視や山火事の原因調査をしたり、夜間の山岳遭難救助に出動するなどした。目の前に山が見えても自由に山登りをすることができなかったら、仕事で登れることはむしろありがたいことであった。当直勤務につくとさまざま事件や事故の処理をしなければならず、あらゆる場面で真実の究明が求められていた。

従業員が十数人という小さな会社の金庫から、大金が紛失するという事件が発生したが、盗難なのか使い込みなのかはっきりしない。実況見分や関係者の事情聴取をしたり、付近の聞込みをしたが外部から侵入した形跡はまったく見られない。内部の犯行の疑いが濃厚になってきたが、それとて決め手を得ることができず、捜査が手詰まりの状態になってしまった。

ウソ発見器は指紋や足跡のように証拠とはならず、決め手に欠けていた面があったが、どうしてもウソ発見器に頼らざるを得ない状況になってきた。社長さんの申し出もあって検討することになったが、ウソ発見器を使用するには従業員の承諾が必要であった。拒否すればより疑われると思ったのか、全員が承諾書にサインしたために初めてウソ発見器を使用することになった。

昭和三十年代から使用されるようになったウソ発見器は、ポリグラフともいわれている。皮膚の電気抵抗の変化や呼吸および血圧の変化を測定し、人間の内面にひそむ心の動きをとらえる作業であるといわれている。すなわち、犯罪者が、自分の罪の発覚を恐れてウソをいった時、呼吸に乱れが出たり、血圧の変化をきたしたり、時には冷汗をかいたりするという。

これらを測定しながら記録していくことにより、ウソをついているかどうか判断する心理検査だといい、成功するかどうかのかぎは質問事項にあるといわれている。真犯人でなければ知ることのできない質問事項が設定されていることが必須の条件になっているが、事件の詳しい内容やだれが容疑者なのか、それらの重要な内容は検査官には知らせていなかった。

検査のために静かな場所が必要だというので、会社の二階の会議室が使用されることになった。検査官はいくつかの質問事項を設定してから、検査を受ける人たちにポリグラフについて説明をした。

「これからポリグラフの検査を始めますが、その前に簡単なテストをしたいと思っています。奇術などで行われているようなやり方ですが、だれかにカードを引いてもらい、それを当てたいと思います」

検査官は希望者を募ったが手を上げる者がいなかったため、若い警察官がテストされることになった。いくつかの質問事項が用意されており、正しい時でも誤っている時でも、すべてに「いいえ」と答えることになった。六枚のカードが示されていたが、この中の五枚は正しく、一枚が間違っている設定になっており、この違いがグラフに表れるから、間違っている一枚がどれかわかるという。

検査官は、ウソ発見器の仕組みを説明してから、若い警察官に質問を始めた。

「あなたの覚えていたのは、このカードですね」

「いいえ」

このような質問が六回くり返され、警察官はすべてに「いいえ」と答えていた。こんな簡単なテストで果たしてほんとうのことがわかるのだろうか、と思っていたところ、検査官はハートのクイーンを取り出し、警察官は間違いない旨を答えていた。

このようにして、みんなの前でウソ発見器がテストされた。八百長と思っている者がいないともかぎらないため、今度は従業員の中から希望者を募った。中年の男が手を上げたので、警察官の時と同じようにテストが行われ、すべてに「いいえ」と答えていた。その者が覚えていたのはクローバーのエースであり、またもや正しさが証明された。

いよいよ本番となったが、検査の直前になって不安を募らせる者もいた。最初に検査を受けることになった若者は、私は何も悪いことはしていませんが、びくびくしたりすると、それがグラフに表れてしまうんじゃないですか、と質問した。すると検査官は、ポリグラフはウソ発見器といわれているように、ウソかどうか調べる器械であり、心臓が強いか弱いということはまったく関係がありません、と返答した。

不安そうな表情をしていた若者の指に、金属板が取りつけられ、呼吸を調べるために胸にチューブが巻きつけられた。質問事項は犯罪に関するものに絞られており、答えの反応だけがポリグラフに表れるようになっていた。カードを使った時と異なって、今度は真剣勝負みたいなものであり、どんな反応が出るか、かたずをのみながら見守っていた。

検査を受けたすべての人が、すべての質問に「いいえ」と答えていたが、それらの人の表情にもそれぞれの変化があった。表情だけではウソかどうか見当がつかなかったが、すべての人の検査を終えた時に検査官から説明を受けたが、二人のグラフだけ明らかに他の者と異なっていた。

一人は経理の担当者であり、もう一人はうわさにのぼっていた従業員であったが、一人だけならともかく、二人の容疑者がいては証拠にならないのではないか、と思ってしまった。

会社の休みの日、二人の任意出頭を求めて事情を聴いた。

最初に経理担当者に、ポリグラフの検査の結果について説明をし、思い当たることがあるかどうか尋ねた。すると、数年前、更衣室にあった同僚の上着のポケットの財布から現金を盗んだことがありました、と供述した。もう一人の男にも同じような質問をしたところ、何も悪いことはしていないといい張るのみであった。

「この前は参考人として事情を聴きましたが、きょうは容疑者として事情を聴いているんですよ。先日のポリグラフの検査結果では、あなたに容疑があることになっているのですが、何か思い当たることはありませんか」

「ポリグラフにどのように出たかわかりませんが、金を盗んだりしませんよ」

「だれもが同じように質問され、だれも同じように答えているんですよ。どうしてあなただけが疑われるようになったのか、そのことが知りたいんですよ」

「どのように出ようとも、知らないものは知らないと答えるほかありませんや」

「検査官の質問にあなたが答えた時、呼吸や脈拍や血圧や発汗作用などに変化を生じ、それがチューブを通じてグラフに表れているんですよ。他人にウソをつくことができても、自分にウソをつくことはだれにもできないことなんです」

ポリグラフの検査結果をただすことに重点をおき、わざと事務的な質問をつづけたため、沈黙することが多くなってきた。取り調べることは日常茶飯のことであったが、否認をつづけるか自白するか、相手にとっては重大な出来事だった。

「多くの従業員が金庫に触れることができたし、証拠を残さないようにすればばれることはないと思っていたのです。徹底的に否認するつもりでしたが、ウソ発見器には参ってしまったよ。住宅ローンの支払いに困るようになり、金庫から大金を盗んだことは間違いありません」

人は危機的な場面に遭遇した時に本性を現すといわれているが、前科のあった男もポリグラフに面食らったのかもしれない。

無銭飲食の常習者

世の中には盗みを常習としている者は少なくないが、その者だって刑務所を志願しているわけではない。多くの犯罪者が捕まらないようにさまざまな工夫をしているが、まれには刑務所を志願しているみたいな人もいる。所持金もなくて代金を支払う意思もなく、飲食をしたとなれば無銭飲食になるのは明らかであるが、代金を請求される前にこっそりと逃げ出す者もいる。金を請求されると、持っていないからどうにでもしてくれ、と居直る者がいるなど、さまざまなケースがある。

詐欺の前科が四つもあった中年の男が、満期になったために刑務所を出た。働く気がないのか、働く場所がないのか、親類の者にも鼻つまみにされていたから行く先がなかった。刑務所で働いた時にもらったわずかの金も使い果たしたため、生きるためには無銭飲食をせざるを得なくなった。

身だしなみを整えるため、まずは理髪店を訪れた。

「こんにちは」

「いらっしゃいませ」

主人は椅子に座らせて調髪を始めたが、どこのだれかわからないために質問をした。

「お客さんは、どちらの方ですか」

「刑務所を出たばかりなんだよ。金を持っていないんだよ」

「金がないのに、どうして店に入ってきたんですか」

「おれが散髪を頼んだわけじゃないんだ。店に入ると、どうぞというから座っただけじゃないか。だましたというんなら警察を呼べばいいし、刑務所を出たばかりだから泊まるところもないんだ」

このように居直られては金を請求することもできず、因縁をつけられないために丁重に頭を下げてしまった。一刻も早く店から出ていってもらいたいと思っていると、お茶をくれないか、と催促をされ、しぶしぶと出さざるを得なくなった。

主人の気持ちとは裏腹に、男は出されたお茶をうまそうに飲むと、今度はお茶菓子を求めてきた。脅迫的な言動はなかったが、断ることもできずにお菓子を出すと、うまそうに平らげた。言葉には金がかからなかったから、男はいいたいことをいって主人の気持ちを逆なでしていた。

ごちそうさま、といって理髪店を出ると、つぎに行ったのが向かい側にあった小さな飲食店であった。

「酒を一本つけてくれないか」

調髪をしたばかりであったから怪しまれることもなく、主人は求められるまま酒を出すと、うまそうに飲み干した。今度は定食の注文であり、飲食を終えると代金を支払おうとせず、ごちそうさま、といったまま店を出ようとした。

「お客さん、代金をいただきたいんですが」

「金なんか持っていないよ」

「それじゃ、はじめから無銭飲食をするつもりだったんですか」

「おれは、三日前に刑務所を出たばかりなんだよ。金を使い果たしたから持ち合わせがないんだ。無銭飲食をしたんだから警察を呼べばいいじゃないか」

二千円に満たない金額であったから警察への通報をためらってしまったが、ほかに被害者がいるかもしれないと考え直して一一〇番をした。

パトカーがやってきた。

「無銭飲食の疑いがあるから、警察まできてくれませんか」

「おれは、逃げ隠れもしないよ。金がなくて泊まるところがないし、パトカーに送ってもらえるなんてありがたいことじゃないか」

「親類や知っている人に金を出してくれる人はいないんですか」

「だれもいないよ」

だれからも相手にされなくなったのは、働く気力がなくなったためか、無銭飲食をつづけているためかよくわからない。取り調べられることもおっくうらしく、何も語ろうとしないし、反省の弁はまったく聞くことができない。

小さな警察署とあっては専従の看守がおらず、できれば任意の取り調べにしたかったが、住所不定とあっては逮捕するほかなかった。留置場に入ってからも落ち着き払っており、無表情だった男の顔がゆがんだのは夕食の時であった。

「魚が好きですか」

「うん」

「刑務所の食事はどうですか」

「うん、うまいよ」

男は過去については何も語ろうとしないため、どうして無銭飲食をくり返すようになったのか明らかにすることができない。留置場に入れられては好きな酒を飲むことはできなかったが、うれしそうな表情になったのは食事の時だけであった。

生きる気力のない男にとって、眠ることと食べることだけが生きがいになっていたのかもしれない。娑婆《しゃば》で苦労するより、衣食住に困らない刑務所を望んでいるのではないか、と思えるような生活態度であった。

結局、この男は懲役十か月の実刑に処せられたが、満期になって出所した時ふたたび同じような行動をするのではないか。

商取引か、取り込み詐欺か

バイパス傍《そば》の新しい新庁舎に引っ越して間もなく、K市の衣料品会社の社長さんから告訴がなされてきた。S物産に七十万円の衣料品を販売したが、受け取った手形を不渡りにされたというものであり、告訴状を手にすると、あて先がK署長からT署長に変更されており、さらにM警察署長あてに書き換えられていた。その理由を尋ねると、K署に提出したところ、会社の所在地がT署管内だといわれ、T署にいくと民事問題だから受理できないと断られ、振出人の住所がM町になっていたのでやってきたという。

このような事件を取り扱ったことはなく、警察権は民事に介入できなかっただけでなく、大きな警察署で拒否したものを受理したくはなかった。たらい回しのようなことをしたくなかったために事情を聴くと、S物産とは初めての取引であったため、取引銀行を通じて問い合わせると、心配ないとの回答があったという。三十五歳ぐらいの背の高い男に衣料品を手渡したが、取り立てに出した手形を不渡りにされ、S物産はすでに閉鎖しており、社長の所在も不明だという。犯罪の疑いがあっては捜査しないわけにいかず、署長に報告すると、忙しい仕事がないから勉強のつもりで捜査したらどうか、と指示された。

M署の捜査係は鑑識を含めても六人であり、取り込み詐欺の捜査の経験者は一人もおらず、私だって本物の手形を見たのは初めてであった。本部では贈収賄事件の捜査中のために応援できないといい、手形の勉強をしながら手探り状態で捜査することになった。銀行へいって手形の仕組みを聞きながら、S物産の取引状況について調べると、不渡りになった手形は三十通以上で関係者が広範囲におよんでいることがわかった。

S物産の役員に名を連ねていた妻から事情を聴くと、会社の運営にはまったくタッチしていないというし、従業員の中にも手形を取り扱った者はいなかった。S物産の当座や預貯金関係などについて調べると、不渡りを出す三日前に二百万円が入金され、その日に手形帳と小切手帳各一冊が交付されていた。

その翌日、S社長の代理人と称する男が委任状を持ってきて二百万円を引き出したため、残高はわずかになっていた。衣料品の仕入れに使用された手形は、この時交付された手形帳のうちの三通であり、S物産の社長さんがどれほどかかわっているか、それが捜査の焦点になってきた。

銀行員の話を聞いて手形のことが少しばかりわかったが、もっと知りたいと思ってT市の書店まで出かけていき、手形や小切手に関する本を購入してきた。融通手形や白紙手形やジャンプ手形などの説明はあっても、ほとんどが実務に関するものであり、どれほど捜査に役立つかわからない。手形を裏書きして使うこともできれば、手形を担保にして街の金融から金を借りることができるし、不渡りになっても振出人や裏書人に責任があることなどがわかった。

だれが手形を持っていって衣料品を仕入れたのか、どこに処分されたのかまったくわからない。不渡りになった手形は三十通以上で総額が一千五百万円にも達していたため、裏書人について遡及《そきゅう》調査をすることにした。白紙の手形が売買されていたり、手数料をかせいでいるだけの手形ブローカーが存在していたり、街の金融で割られるなどしており、手形にかかわった人たちの数は百人以上にのぼっていた。だれが衣料品を仕入れていたか、そのことにしぼって捜査をしたが、さまざまな人物が登場してきたため、それらの人たちの行動を明らかにしていくことにした。

Tという男が捜査線上に浮かんできたが、詐欺の前科があるだけでなく、S物産の手形を用いて家具店から高級な応接セットを仕入れていた。どのようにして手形を手に入れたかはっきりしなかったが、だまし取っていたことが明らかになったために逮捕状を得て行方を追った。立ち回り先になっていたリンゴの産地にいった時、青いリンゴが庭のむしろの上に並べられており、主人がジョウロで水をかけていた。それは早もぎのものであり、赤味だけでなく甘味を増すための作業だといい、生産者がさまざまな工夫をこらしていることを知った。

捜査を開始してから二か月が経過したが、いまだTさんは逮捕にならず、衣料品の処分先もわからない。S物産の社長さんから事情を聴かないことには全体像がわからず、全力で行方を捜したところ、N県のM市でホステスと一緒に暮らしているらしい、との情報を得た。

M市には十数軒のバーやキャバレーがあったが、ホステスの名がわからないし、Sさんが偽名を使っている疑いがあったために何度もM市に足を運んだ。地元の警察署の協力を得て捜しているうちに潜伏先を突き止め、ホステスと一緒に暮らしていることを確かめることができた。事情の聴取に手間どると思われたため、早朝、任意出頭を求めると素直に応じたため、本署で事情を聴いた。すると、街の金融から二百万円を借りて当座に入れ、小切手帳と手形帳の交付を受けたことは認めたが、委任状は脅されて書かされたという主張は変えようとしない。恐喝事件の被害者として事情を聴こうとしたが、だれに脅されたか話そうともしないし、被害の届け出をしようともしない。

夕方まで事情を聴取してはっきりしたのは、街の金融から二百万円を借りて当座に入れて手形帳と小切手帳の交付を受けていることと、脅されていたかどうか不明であったが、委任状に署名押印をしていることであった。だれが衣料品をだまし取ったか、どこに処分されたかまったくわからないといい、犯罪になるかどうかさえはっきりしない。たとえ脅されていたとしても、委任状を手渡せば当座の残高がゼロに近くなるのはわかっていたはずだし、Sさんが暗黙に了解していた疑いが濃厚になってきた。

任意の取り調べをつづけるかどうか検討したが、ふたたび所在不明になるおそれがあったため、署長の指揮によって逮捕状を請求することになった。前橋地方裁判所高崎支部にいったが、受理されてから一時間以上も経過したが何の連絡もなく、却下になるかも知れないと思ってしまった。

判事さんは書類だけでは判断ができなかったらしく私に説明を求めてきたが、私だって判事さんを納得させることができなかった。判事さんがどのように判断したかわからないが、疑いが晴れたらすぐに釈放してください、との条件がつけられて逮捕状が発布された。

Sさんの取り調べをしてわかったのは、何度も手形を街の金融で割り引いて資金繰りをしていたことだった。売上げ代金を当座に入れるなどしていたから、当座の貸借関係の金額は平素より多くなり、銀行では業績が順調に伸びていると思ったらしかった。当座の残金や手形帳や小切手帳の枚数が少なくなった時、手形ブローカーのWさんに依頼して街の金融から二百万円を借りて銀行に入金していることがわかった。

Sさんは脅されて委任状を書かされたといっているが、これが事実であるかどうか、いまだはっきりさせることができない。手形帳や小切手帳がWさんに渡されていた疑いが濃厚になり、これらの事実を明らかにするためにTさんの行方を追った。

Tさんが立ち回り先で逮捕されて護送されてきたため、手形を入手したいきさつについて追及した。Wさんから白紙の手形を受け取り、勝手に金額を書き込んで応接セットを仕入れたことは認めたが、不渡りになるとは思わなかったという主張をくり返していた。

使用されていた手形の番号は、衣料品会社に手渡されたものと一連の番号になっており、SさんとTさんの取り調べにより、街の金融や暴力団や詐欺師がからんでいることがわかってきた。ようやく手形ブローカーのWさんの逮捕状の発布を受けることができたため、指名手配をして行方を追い、逃走先のホテルで逮捕することができた。

「Wさんは、K市の衣料品店から衣料品をだまし取ったとして逮捕状が出ているけれど、この事実に間違いありませんか」

「仕入れにいったのは間違いないが、手形は落ちるものと思っていたんだよ」

「Wさんが手形に詳しいことはわかっているよ。いままでに詐欺の容疑で二回も逮捕されているが、いずれも不起訴になっており、手ごわい相手とわかっていたから慎重に捜査をしてきたんだよ。黙秘をするのも自由だが、今回はどのような弁解をするつもりですか」

「これは商取引であり、どのように取り調べられようとも詐欺になるはずがないよ」

「商取引なのか、取り込み詐欺なのか、もっともよく知っているのはWさんだと思うんだよ。逮捕したのは警察であるが、起訴するかどうかは検事さんが決めることになるし、起訴になれば裁判で争われることになるんだよ。いくらWさんが商取引だと主張したとしても、有罪か無罪かを決めるのは裁判官なんだよ」

Wさんは、あくまでも商取引だという主張を変えようとしない。十分な裏づけをとって逮捕したつもりであったが、Wさんの弁解は巧みであり、S物産のコンサルタントをしていたとの主張をはじめた。Sさんはそのことを否定しており、逮捕された人たちはお互いに罪をなすりつけていたらしく、いくつもの食い違いが見られていた。どのように追及しても事実を認めようとせず、黙秘をするなどの抵抗をしていたが、追い詰めると却って逆効果になると思えたため作戦を変更することにした。

気分転換をはかるため、T高校でN先生に教わったことがありますか、と尋ねた。いきなりN先生の名前が飛び出したものだから、Wさんは面食らってしまったらしく、その後の言動に変化が見られるようになった。私が先輩だとわかると弱音をはくようになり、先輩に調べられたんじゃウソもつけないよ、といい出した。取り調べが変わってもいいんだよ、というと、慣れたんだから係長が調べてくださいよ、といったために引き続いて取り調べをした。先輩風を吹かすつもりはなかったが、いつまでも否認をつづけるより、認めた方が有利と思ったらしくすべてを自供するようになった。

「おれが大学の商科で勉強していた時、父親の会社が倒産したために中退を余儀なくされてしまったんだ。再建しようと思っていろいろの職につき、ブローカーになって警察にパクられたこともあるが、うまくいい逃れができたために起訴されずに済んだんだよ。おれは推理小説の愛読者であり、経済小説からさまざまなヒントを得ることができたため、コンサルタントみたいなことをやってきたんだよ」

Wさんの自供により、だまし取った衣料品がN県の農協に安値で売られていたことや、脅されて委任状を書いたというSさんの供述がウソであることもはっきりした。

試行錯誤のすえに三人の被疑者を逮捕したが、Wさんが自供しなかったらどのようになったかわからない。Wさんから白紙の手形を受け取った者は何人もいたが、いずれも手形は落ちるものと思っていた、と主張していたために検挙することができなかった。逮捕した三人は起訴になり、百日以上におよんだ捜査に終止符を打つことができたが、その間に手形の勉強ができただけでなく、貴重な体験をすることもできた。

手形をパクられた理事長

取り込み詐欺事件の捜査を終えると、手形についていろいろの知識が得られ、振出人の手を離れれば受取人や仲介人や裏書人の手を経て、つぎつぎに人手に渡っていくことがわかった。商業手形であればまともな歩みをするとしても、買い手形や融通手形ともなると、どこへ飛んでいくかわからない。どんな手形であっても取引が停止されていないかぎり、まともな手形のような顔をして市場に流通している。受け取った人が不審を抱いて取引銀行に問い合わせても、いまのところ危ないという話は聞いておりません、という答えが返ってくるのが落ちである。

融通手形やパクリ手形に混じって繊維協同組合の手形があり、このことに疑問をいだいて理事長さんに問い合わせた。あいまいな返事をくり返すばかりであり、突っ込んだ質問によってようやく手形がパクられていることがわかった。

早速、T県へ出張して事情を聴いた。

「私は友人や知人に金を貸していたのですが、Yさんという人がB代議士の名刺を持って見え、『私は秘書と懇意にしていますが、今月いっぱいで返済するから五万円ほど貸してくれませんか』といったのです。私もB代議士の後援会の役員をしていたので貸すと、期日にはきちんと返済してくれたので信用したのです。金額が多くなってくると、とどこおるようになり、催促すると手形を持ってきて、『金の都合がつかないのでこの手形を受け取ってくれませんか。現金で返せないんだから余分に利息を支払わせてもらいます』といい、それから手形を受け取るようになったのです」

「落ちるかどうか、気にはならなかったのですか」

「間違いなく落ちるといっていましたが、少しは不安があったので利息を倍額にするという条件をつけたのです。このように貸しているうちに金額も大きくなり、手形が不渡りになったために文句をいうと、期日前にやってきて、『今度のは建設会社の手形だから間違いなく落ちるし、差し替えてくれたら余った分の半分を差し引いてもらっても結構です』といったのです。その手形も不渡りになってしまい、呼びつけて催促すると、『急に返してくれといわれても資金の都合はつきませんよ。借りた金は事業資金に使っており、順調にいきさえすれば二百万円や三百万円ぐらいわけなく返すことができるんです。ここで融資がストップされてしまっては、いままでの投資も水の泡になってしまい、事業を成功させるためにはどうしてもあと二百万円が必要なんです』といわれ、初めて事業資金に使われていることを知ったのです」

「ほんとうに事業資金に使っていたのですか」

「どのような事業をしているか尋ねると、『友達が経営していた喫茶店を譲り受け、店舗を改装して来月の一日にオープンするんです』といい、私を案内してくれたのです。繁華街の近くにあり、現に喫茶店は改装工事をしており、手持ちの金がなかったものだから初めて組合の手形を切ったのです」

「組合の手形を切ることに抵抗はなかったのですか」

「すぐに金が必要だというし、仕方なく手形を切ってしまいましたが、半月ほどするとまた借りにきたのです。前の分を返済してもらわないと貸せないというと、『改装が終わったんだけれど、支払いを済ませないと引き取ることができないんです。オープンになれば一日に数万円の日銭が入ってくるが、貸してもらえないとなると、いままで借りた金だって返済することができなくなり、助けると思って貸してくれませんか』といわれ、いままでの分が焦げついても困ると思って貸したのです。半月ほどするとやってきて、『どうしても百万円が足りないので貸してくれませんか』といわれたが、いままで貸した分を返してくれないかぎり貸すことはできない、ときっぱり断ると、その後は姿を見せなくなったのです」

「Yさんに貸した金は、どのくらいになりますか」

「手形を受け取っては残金を貸したり、何度も手形の差し替えをしたりしていたから、はっきりした金額がわからないんです。組合の手形については控えがあり、この分だけで五百万円になり、合わせて八百万円ぐらいになっていると思います」

「喫茶店にいって調べたりしましたか」

「経営者に会って話をしたが、Yという人は知らないといっていました。だまされていたことに気がついたが、もぐりの金融をしていたから警察に届けることができなかったのです。私だってB代議士の後援会の役員になっており、Yを紹介してくれた秘書を知っていますが、その人がYを紹介していないこともわかったのです」

Yさんの身辺捜査をしたところ、本名がNであり、詐欺の前科があることがわかり、写真によって確認することもできた。B代議士とはまったく関係がなく、手形ブローカーのような存在であり、ひんぱんに競艇場に通っていることがわかった。暴力団や詐欺師たちとも交遊があり、手形パクリの事実が明らかになったため逮捕して取り調べをした。

「T繊維協同組合の理事長さんから手形などをだまし取っていませんか」

「どんなに弁解をしたところで、捕まってしまってはどうすることもできないよ。たまたま市内で高校時代の友人に会い、そのときにB代議士の名刺をもらい、近くの喫茶店にいって世間話をした時、理事長がもぐりの金融をやっていることを知ったのです。焦げついても警察に届けることはないと思ったものだから、その名刺を持って金を借りにいったのです。初めは少ない金を借りて利息をつけて返済して信用させ、どうすればだますことができるかわかったため、いろいろとウソをいって金額を増やしていったのです。手形が詐欺師の手に渡ってしまったが、理事長が手形を切らなくなったから潮時だったのかもしれませんね」

取り込み詐欺事件の捜査中に見つかった一片の手形が、この事件の検挙の端緒になっていたが、もし、T繊維協同組合の手形が暴力団の手に渡っていたら、もっと深刻な事態になっていたに違いない。

ギャンブル狂男の寸借詐欺

M署で四年間を過ごし、春の定期異動で田園にある小さなS署に転勤になった。知能犯や暴力団犯罪の発生はいたって少なく、窃盗事件の捜査が中心になっており、他の警察署の管内に出かけることがしばしばあった。時たま訪問販売や無銭飲食などのトラブルがあったが、特異な犯罪の発生を見ることはほとんどなかった。

交通事故を装って農家の主婦から三千円をだまし取り、ギャンブルなどに費消していた男を逮捕したが、そのやり口は知能犯罪とはいいがたいものであった。

「そこで交通事故を起こして示談にしようと思ったのですが、少しばかり金が足りないので三千円ほど貸してもらえないでしょうか」

このようにして主婦をだましていたが、金額が少なかったし、返済してくれるものと思ったらしく被害の届け出は少なかった。いつになっても返してくれないため、駐在所に届け出たために事件が明かるみになり、詐欺事件として捜査を始めた。同様の被害が相ついだが、一人の主婦がつけておいた自動車のナンバーによって被疑者を割り出すことができた。Bさんは三か月前に出所し、電機店に勤めていたが無断欠勤がつづいたためにクビになり、その後の所在がわからない。

逮捕状を得て行方を追い、立ち回りが予想されたK競艇場にいくと、被疑者が乗っている赤っぽい車が見えたので張り込んだ。競艇が終わって車に乗り込もうとしたので職務質問をし、すなおに犯行を認めたため通常逮捕した。車内で寝ていたらしく異様な臭いを発散させており、所持していたのはたったの二十円であった。

本署に連行し、本格的に取り調べをした。

「だまし取った三千円は、どのように使ったのですか」

「だましたのは競艇の最終日の午後三時ごろでした。急いでも間に合うかどうかわからない時間になっていたため、スピード違反や信号無視を繰り返しながら急ぎ、ようやく最終レースの2―3に賭けたがはずれてしまいました」

「この前に詐欺で捕まったのも、ギャンブルが原因じゃなかったのかね」

「刑務所を出た時、金輪際、ギャンブルをやるまいと心に誓ったのですが、それができなかったんです。電機店で働いていたのですが、花火が上がる音が聞こえると仕事が手につかなくなり、一度だけと思って出かけたのですが、ずるずるとのめり込んでしまい、仕事をさぼってクビになったのです」

「なぜ、ギャンブルに熱中するようになったんですか」

「友達に誘われて初めて競艇にいった時、一万三千円という大穴を当ててしまい、それから病み付きになってしまったんです」

「病気なら、病院にいって医師の治療を受ければよいが、ギャンブルという病を治すところがないから困ってしまいますね。刑務所だって効き目がないことになると、自分でやめるほかありませんね。ギャンブルから足を洗うことを考えているんなら、ギャンブルより熱中できるものを見つけることですね。ギャンブルをやらないから偉いとはいわないが、Bさんは、ギャンブルをやめるだけで奥さんによろこばれるんじゃないのかね」

「いまさら、そんなことはできないよ」

「レースを予想している予想屋だって、いつも当てているわけじゃないんですよ。ギャンブラーのなかには、予想のことを逆さに読んで『うそよ』という者もいるし、いつも当てていればギャンブラーになってしまうんじゃないのかね。もし、八百長レースが行われていたとしたら、予想だってあてにできなくなってしまうんです。病気は医師によって治療することができるが、犯罪やギャンブルは自分でやめるほかないんです。いつまでもギャンブルがやめられないとなると、やがては刑務所で一人でさみしく死ぬようになるかもしれませんね」

「そんなことをいわないでくださよ」

取り調べをしながら雑談を交わしたりしたが、どれほどBさんの心に訴えることができたかわからない。捕まった時は反省しているといっていても、釈放されると誓いを忘れてしまう人が少なくない。たとえBさんが反省していたとしても、ギャンブルがやめられないかぎり犯罪を犯すことになるのではないか。

ギャンブルに興味のない人だったら、花火の音を聞いただけで興奮することはないかもしれないが、仕事に手がつかなくなってしまう人だっている。ことによると、この男のように熱中できるからギャンブルがおもしろく、やめようとしてもやめられないのかもしれない。

ギャンブルに熱中している人の中には、大穴を当てた経験のある者が少なくない。夢よもう一度、という気持ちがあったり、心理状態をおかしくしてしまうからかもしれない。たとえ大穴を当てた経験がないとしても、損害を取り戻そうと考えたり、もっともうけようとするからいつになってやめられなくなる。

農協職員の使い込み

H 農業協同組合の理事長さんから、職員に数百万円を使い込まれたとの告訴があった。はっきりした金額はわからないというが、どうして三年もの間、一職員の使い込みがばれなかったのだろうか。

理事長さんの話によると、総会が近づいてきた時、一部の理事から赤字になっている販売部の問題が取り上げられ、職員の父親に弁済を求めたが拒否され、理事長の責任問題に発展したため、告訴に踏み切らざるを得なくなったという。

金を使い込んだとされる女子職員は、ふだんの生活態度はまじめであり、いやな顔もせずに残業をしていたため、上司や同僚の信頼が厚かったという。その職員が担当していた事務だけが赤字を出していたため特別監査を受けることになり、使い込みが発覚したという。

この話を聞かされた時、ごまかしがばれないように残業していたのではないか、と勘ぐってしまった。部下の不祥事が発覚すると、まじめであったとか、犯罪を犯すような人間ではなかった、というコメントを聞くことが多い。経理を担当している人にまじめな人が多いのは事実だとしても、使い込みをしている人はより信頼を得ようとし、さまざまな工作をするかもしれない。たとえ部下を信頼していたとしても、使い込みにまったく気がつかなかったとあっては上司の責任だってあるのではないか。

この事件の捜査を始めることになり、あらかじめ関係者から農協の仕組みなどについて説明を受けた。この農協には理事長と専務理事のほか十名の理事がおり、理事は組合員から選ばれるが、理事長は理事の互選によって決められていた。生え抜きの職員は参事を筆頭にして二十数名の職員がいたが、理事の多くは任期が切れると交替していた。

人望があるから理事になれるというものではなく、多くが農協の経営には素人《しろうと》みたいな人が選ばれていたため、参事の意向が大きく業務に反映されていたようだ。長期に渡った使い込みがばれなかったのは、上司が部下を信頼していたというより、チェックの体制がまったく機能していなかったからであった。

このようなことは何もこの農協に限ったことではなく、多くの職場で似たようなことがあるのではないか。一般に出世が早い人ほど経験が少なく、その人たちによってベテランや専門職の人たちが指導監督される立場にある。

階級やポストが上がれば上がるほど実力があると見られるが、これにだって個人差があるからだれにも当てはまることではない。上司は部下の指導監督に当たらなければならず、部下は上司の命令や指示に従うのがたてまえになっている。上司も部下もさまざまであるが、だれもが職務に熱心に取り組んでいたらこのようなことは起こらない。

農協の経理事務は、ほとんどが伝票で処理されていた。日計表、月計表、年計表となっており、それぞれの貸し方と借り方が合致していれば正しいとされていた。使い込んだ事実を明らかにしていくためには、日計表に綴じ込められていたすべての伝票をチェックしていかなくてはならない。三年間の伝票は膨大なものであったが、使い込みが可能なものと不可能な伝票とに大別すると、三分の一ほどの量になった。

会計年度が始まる四月一日から日付順に並べ、ベテランの農協職員のアドバイスを受けながら一枚一枚チェックしていった。使い始めのころは、使い込んだ金額も回数も少なかったが、それが徐々に増えていったものの波があった。すべての裏づけが完了するまでに半月ほどかかってしまったが、証拠によって明らかになった金額だけでも五百万円を超えていた。

女子職員は、使い込んだ金の大半を男友達にみついでいた。雨の日に暗い道を一人で歩いていた時、中学校時代の先輩の男に声をかけられ、送ってもらったのがきっかけとなって交際を始めた。ドライブに連れていってもらったりしているうちに小遣銭をせびられ、要求がだんだんとエスカレートし、ついに農協の金に手をつけざる得なくなったという。金額が多いから逮捕したらどうかという意見があったが、みつがれた男が何の罪に問われないとあっては賛成することができなかった。

取り調べによって明らかになったのは、日計表の貸し方と借り方を同額にするように、工作されていたことだった。貸し方と借り方の同じ金額の伝票を見つけて破棄したり、金額を書き直して貸し方と借り方が合うようにしていた。集計を終えた伝票が綴じ込められてしまえば、ふたたびチェックされることはなく、月計表も年計表もすべて無事に監査を通っていた。ところが、その職員の担当していた部門だけが赤字になっていたため、特別監査を受けて使い込みが発覚した。

被疑者の取り調べが終了し、検察庁に書類送致となり、検事さんによって取り調べがなされた。この間にどのようなことがあったかわからないが、農協と父親との間で示談が成立したため起訴猶予の処分になった。

最初から父親が示談の姿勢を示していたら、娘さんが告訴されることがなかったし、私だってややっこしい捜査を担当することはなかった。捜査がむだになってしまった、という上司の声が聞かれたが、私はこの捜査によって農協の経営のあり方の一側面を知ることができた。

初めての公害捜査

小さな警察署には公害の係はおらず、二人の防犯係によって取り扱われていたが、一人は非番であり、もう一人は出張していた。川にたくさんの魚が浮いている、との一一〇番があったために現場にいったが、私には公害の知識はほとんどなかった。子どもたちがおもしろそうに眺めていたため、広報車を出動させて魚を取らないように呼びかけるとともに、原因の調査をはじめた。

川の上流には小さなメッキ工場がいくつかあり、どこの企業から流されたか特定しなければならなかった。いくつもの空き瓶やビニール袋を持参し、あっちこっちの川の水や浮き上がっていた魚を採取し、時間と場所を記入したラベルを張りつけていった。写真を撮影しながら上流に上っていくと、だんだんと浮いた魚が少なくなったが、それでも水の採取をつづけ、メッキ工場の排水口の水を採取していった。写真撮影したり、見取図を作成するなどして一連の実況見分を終え、引き続き現場付近の聞き込みをした。

その日、工場が稼働していなかったり、事故のあったことを知らない経営者がいるなどしていたため、事故の原因を見つけることができなかった。最後に訪れた工場にいった時、経営者は知らないといっていたのに工場の責任者が、うっかりして廃液を流してしまいました、といった。早速、工場の責任者の供述を書面にし、排水口で採取した水と魚を鑑定するために県本部鑑識課の科学捜査研究所に送付する手続きをとった。

公害防止法がなかった時には、この種の事件や事故は捜査の対象になっていなかったから知識もなかった。法律が施行されて間がないとはいえ、公害犯罪の取り締まりが強く要望されるようになったため、徹底した捜査が求められるようになった。窃盗や殺人事件などの捜査には慣れていても、公害という新しい犯罪に取り組まなければならず、いくつかの参考書を手にしたが捜査に役立つものはいたって少なかった。

パーセントが百分率であることは知っていたが、PPMが百万分率を表す単位であることを知ったのは最近のことである。百分率を言葉で理解することはできても、カドミウムの含有量が○・○一PPMということになると、どの程度のものか見当をつけることもできない。青酸ソーダや青酸カリが猛毒であり、それがメッキ工場で使われていたことは薄々と知っていたが、どのように使われていたかわからなかった。

裁判官の検証許可状を得て検証を始めることにしたが、その際に経営者からメッキについてあらましの説明を受けた。だが、物理や化学の知識が乏しかったから作業の工程を理解することさえ骨が折れてしまい、イオンとか電気分解という言葉が使われるたびに単語の説明を受けなければならなかった。

メッキには電気メッキ法と溶解メッキ法があり、この工場で採用されていたのは電気メッキ法とのことであり、溶液中に電流を通じて陽イオンと陰イオンに電離する性質を利用するやり方だという。イオンというものがよく理解できなかったために何度も質問したが、説明を聞いても納得するまでにかなりの時間を要してしまった。

水質汚濁防止法には、「排出水を排出する者は、その汚染状態が当該特定事業場の排水口において排水基準に適合しない排出水を排出してはならない」と規定されており、違反した者は「六月以下の懲役又は三十万円以下の罰金に処する」となっている。そのため、排水基準に適合しているかどうか、それが捜査の重要なポイントの一つになっていた。

「私は十年以上も前からこの仕事をしていますが、水質汚濁防止法ができたのでいろいろと設備を改善してきたのです。いままでだって採算がとれるような企業ではなかったのですが、これ以上の設備投資をすると営業をつづけることができなくなってしまうのです。設備に金をかけてももうけにはつながらないし、維持費がかさんでしまうため、どのようにしたらよいか悩んでいたところです」

検証が終わって雑談していた時、経営者はこんな愚痴をこぼしていた。経営者が考えていたのは、多額の借入れをして設備を改善した時、借金を返すことができるかどうかということであった。工場の責任者は、うっかり廃液を流してしまった、といっていたが、それだって素直に受け入れることができない状況になっていた。

設備の改善が不十分のまま作業をつづけていたのは事実であり、ひそかに廃液を流すほかなかったのかもしれない。たとえどのような理由があるにしろ、法律に違反していては取り締まりをするほかなかった。

法律が施行される以前であっても、有害な物質を川に流してよいはずはなかったし、下流では飲料水に使うこともあれば、灌漑《かんがい》用水として使用しているところもある。だれもが汚れた水よりもきれいな水を望んでいるが、そのために金がかかることもわかってきた。

公害が一企業の存亡にかかわる問題であるとしても、人命にもかかわることはそれ以上に重大な問題であり、取り締まりはますます厳しくなるのではないか。

玄人《くろうと》もだまされたニセダイヤ

県下の最小のS署に三年間勤務すると、今度は最大のM署に転勤になり、捜査一課の第三係長になった。窃盗や殺人などの捜査に追い回されていたから、S署にいた時のように読書をする時間の余裕がなくなってしまった。一年間で捜査二課に配置換えになると、今度は詐欺や汚職などの知能犯や暴力団犯罪に取り組むことになった。
当時、捜査第二課ではゴルフ場の地上げにからんだ詐欺事件の捜査中であり、地面師や手形パクリの手口のある詐欺師が逮捕されていた。都内の大手不動産屋が詐欺師たちのえじきにされている疑いがあったものの、徹底して否認していたために取り調べが難航していた。

被疑者が再勾留になってから取り調べに加わったが、どうしても共謀の事実を明らかにすることができなかった。詐欺の前科がある人たちの容疑であったが、どうしても自供を得ることができず、全員が処分保留として釈放されてしまった。犯罪の捜査には犯人と捜査員の戦いみたいなところがあるが、海千山千の詐欺師たちに対する捜査の陣容が貧弱であったから、やむを得なかったのかもしれない。

捜査第二課での仕事はこのようにして始まったが、つぎに取り組んだのがニセ宝石事件であった。質屋さんから被害の届け出があったが、見ただけでニセモノのダイヤかどうかわかるはずがなく、初めてダイヤを手にした捜査員も少なくなかった。以前、たくさんの宝石類を盗んでいた窃盗犯人を取り調べた時、宝石辞典を買うなどして宝石の勉強をしたことがあったが、今回はダイヤがニセモノかどうか、ということから捜査を始めることになった。

質草が受け出されていれば問題になることはなかったが、質流れをしたためにニセモノのダイヤとわかったという。鑑定した結果、入質されていたのは「ダイヤモニア」といわれているニセモノであることがはっきりした。本物と比べてもわからないほど精巧にできており、宝石商に持参して説明を聴いたけれど、本物との違いがよくわからない。

ダイヤモニアといわれているニセのダイヤは、正式な学名を「イットリウム・アルミニューム・ガーネット」という人造合成石であり、電子機器の部品として開発されたものだという。ダイヤモンドによく似ているところから、セカンド・リング（代用品）として使用されるようになり、本物のダイヤが一カラットで数十万円もするというのに、ダイヤモニアの方は一万円程度だということがわかった。

このニセダイヤは全国の宝石店で売られているというから、すでに宝石の仲間入りをしているのかもしれない。ダイヤモニアとして取引されていれば問題はないとしても、本物のダイヤとして取引されていたから問題になったのだ。全国宝石協会でも、合成石の付属金属に「YAG」のマークを刻印するよう指導しているというが、それですべてが防止されるかどうかわからない。

貴金属商や宝石商の話を聞いたり、参考書を読んだりしながら捜査していった。宝石の流通がむずかしいだけでなく、鑑定にも信用ができないものがあり、中にはニセモノの鑑定書が添付されていることもあるという。一流のデパートで売られていれば信用できるかもしれないが、まれにはまがい物があるというから客が見抜くのはむずかしい。

人工処理石のブラックオパールというのがあるが、これは白色のオパールに砂糖液をつけて硫酸をかけ、炭化させたものだという。石そのものの値段は一万円足らずであり、指輪に加工しても数万円程度のものでも、天然のブラックオパールになると、二十万円にもなるという。店の信用にかかわるとしてニセモノと認めない傾向にあるというが、本物とニセモノの見分け方はむずかしくなっている。

日本のダイヤは、国際相場より割高だといわれており、値段の付け方にもはっきりした基準がないという。たとえ百万円で仕入れたダイヤであっても、十万円でも売れない代物があるというから、鑑定した人によっても価格が異なってしまうようだ。

取引には、本物であることを証明する鑑別書、品質と表示が一致している保証書、品質の等級を証明する鑑定書の三つが必要とされているという。書類がないと信用されないことになるが、それらの中にだってインチキなものがあるというから、どれを信じてよいかわからなくなってくる。

宝石についての勉強をし、入質者の内偵をするなどして事情を聴取することにした。

「あなたが入質したダイヤがニセモノとわかったのですが、どこで手に入れましたか」

「知らない人から買ったものですが、本物と思ったから質屋さんに持っていったのです」

これだけの返事をするのに手間どっていたが、ニセモノとは知らなかったとの供述をくつがえすことはできなかった。入質者が利息をつけて質草を受け出したいといい出したために一件落着となったが、今後、このニセダイヤはどのような歩みをするだろうか。

宝石の知識にとぼしかったが、ニセダイヤの捜査をしたことによって宝石の知識を少しばかり身につけることができた。

ホステスのだましの手口

客として営業中のバーやキャバレーにいくことはないが、捜査のために出かけることはあるし、参考人としてホステスから事情を聴くこともある。ぼったくりのバーがあることも知っていたが、それは防犯課の所管になっていたから取り締まりをしたことはなかった。今回はホステスを詐欺の容疑で逮捕して取り調べたが、割賦《かっぷ》で購入しては質入れなどしていたため自供を得るのに困難をきたしてしまった。

大型のテレビをだまし取られたとして、電機店の経営者から被害の届け出があった。割賦販売になっていたため、詐欺になるかどうかはっきりしないし、Aさんには犯罪歴は見当たらなかった。割賦で購入したカメラや指輪なども入質されており、いずれも未払いになっていたために捜査することにした。結婚していた時逮捕されて離婚させられており、本名がS子さんであることがわかった。

家具店からも割賦で八十万円の仏壇を購入し、頭金と一か月の代金を支払っただけで知人に五十万円で売却していた。宗教団体の役員と名乗っていたり、おばさんが亡くなったので高価な仏壇がほしい、と申し入れていたが、ウソであることが明らかになった。逮捕状を得て行方を追うと、マンションで若い男と同棲していることを突き止め、任意出頭を求めて事情を聴取した。

「どこの宗教団体の役員をしているんですか」

「それはプライバシーの問題だから答えることはできません」

「亡くなったのは、どこの叔母《おば》さんですか」

それには答えようとせず、割賦で買ったんだから働きながら返済するつもりです、という主張をくり返すばかりであった。

T市のGというキャバレーで働いていることがわかり、マスターから事情を聴いた。働きたいというので二十万円の前貸しをしたが、働いたのは二日間だけだったといい、他の店でも前借りをしており、完済されている店は一か所もなかった。

同棲していた若い男の任意出頭を求めて事情を聴いた。

「二か月ほど前のことですが、客としてバーに通っていた時にS子さんと知り合い、それから一緒に生活するようになったのです。S子さんはやさしくて気のつく人ですし、ホステスとして働きながら私の身の回りのめんどうを見てくれており、人をだましているなんて考えられないことです。洋服や靴などの品だけでなく、一か月ほど前に新車を買ってもらっており、近いうちに結婚することになっているんです」

仏壇をだまし取ったことを否認していたが、返済の能力のないことが明らかになったために逮捕状を執行した。

初めは若い刑事を立ち会わせていたが、不在になると色仕掛けをするようになったため、部屋の一角についたてを立てて取り調べをすることにした。

「ホステスとして働きながら返済しているといっても、それは一部ではないですか。あっちこっちで前借りしていてどのようにして支払うつもりなんですか」

「二日か三日働けば、前借りした分はすべて返済することができるんですよ。私が前借りしているのは最高でも二十万円程度であり、私は一晩で十万円ぐらい稼ぐことができるんです。おまわりさんには、キャバレーやバーのことがよくわからないかもしれませんが、いろいろの口実をつくってはお客さんから金をもらうんですよ。店に入ってきてイスに座ると着席料、ホステスが酒を注いだだけで指名料、飲み物だって市価の何倍もするし、一級酒を頼まれても二級酒を持っていくこともあるんですよ。あっちこっちのお客さんのところに顔を出すから指名料だけでもかなりになるし、色仕掛けをして料金を水増ししたり、時にはモーテルにいったりするから一晩で大金を稼ぐことができるんですよ」

「S子さんは決済するつもりだといっても、仏壇だけでなく指輪やテレビの代金だってとどこおっているんですよ」

「それらはみんな割賦契約になっているんですよ。前借りをして支払ったり、割賦で購入した品物を質屋さんに持っていって金を工面し、それを支払いに充てたりしているんですよ。警察に捕まったんじゃ、返済しようと思っても返済することができなくなってしまうじゃないですか」

S子さんが結婚詐欺をしているとの情報を得たものの、すぐに被害者を見つけることができない。内偵をつづけているうちに、弁護士の秘書を名乗ったり、社長の令嬢や医師の情婦といつわって客に接していることがわかった。

F社の社長さんが被害にかかっていたが、話すことを拒否したため、すでにS子さんが自供している旨《むね》を告げると、しぶしぶと被害書類の作成に応じた。

「一年ほど前に妻を亡くしてしまい、さびしさを紛らわすためにバーやキャバレーに通っていた時S子さんと知り合ったのです。私が妻に先立たれた話をすると、『私も無理やり離婚させられてしまい、いま、マンションで母親と暮らしており、これからもお付き合いを願います』といわれ、ホテルに泊まるようになったのです。ベッドに入っていた時に、『結婚するにはローンや前借りの返済をしなければならないし、百万円ほど必要なんですが、貸してもらえないでしょうか』といわれて都合してやりました。新車を買ってやると姿を見せなくなってしまい、勤め先の店の主人もだまされたといっており、その後は会っておりません」

F社の社長さんがS子さんに貢いだのは三百万円以上にのぼっており、買い与えていた新車は同棲していた若い男が乗っていた。

Hという会社の社長さんはS子さんを情婦みたいにしており、せがまれて金を出していたという。被害にあった事実を認めたものの、事件が公《おおやけ》になることを恐れていたらしく被害の届け出をしようとしない。S子さんは若い男と同棲しながら何人もの男をだましていたが、結婚詐欺に問うことができたのは一件だけであった。

一か月ほどで捜査を終えることができたが、その手口は前借《ぜんしゃく》、寸借、商品、月賦、結婚とさまざまであった。被害者は二十数人におよび、被害の総額は一千万円以上にのぼっていたが、生活のすべてが詐欺みたいなものであった。

倒産のトラブル

倒産にまつわるトラブルは少なくないが、民事問題なのか、取り込み詐欺なのかはっきりしないことが多い。一一〇番通報により、パトカーの乗務員が現場に駆けつけると、店員の制止を振り切って債権者が商品を持ち出していた。

パトカーを見ると、店員の一人が駆けつけてきた。

「社長も常務も資金繰りに出かけており、みんなに商品を持っていかれては、あすから商売ができなくなってしまいます。家具を運び出すのをやめさせてくれませんか」

それを聞いていた債権者の一人が、店員に文句をいい出した。

「いまさら何をいっているんだい。手形を不渡りにしておいて、社長も常務もいないというのはどういうことなんだ。おれが納めた家具をおれが持ち帰るんだから文句はあるめえ。それとも、代金を支払ってくれるというのかね」

二人の話によってトラブルの原因がわかったが、事情がよくのみこめないために債権者の一人から事情を聞いた。

「営業を開始してから三か月にもならないのにたくさんの不渡りを出しており、計画倒産に間違いないようです。債権者の中には、火事場泥棒みたいに手当しだい運び出している者もいますが、このようなことだって許されませんね。社長も常務も不在ですし、資金の目処《めど》がついたといっているけれど、これだってまゆつばものですね」

もっと詳しく知ろうと思い、店員の中の責任者と思える男から事情を聞いた。

「社長がどのような営業をやっていたか、おれたち従業員にはよくわからないんです。私たちはみんな従業員募集の張り札を見て採用された者ばかりであり、いままでに家具の商売の経験のある者は一人もいないんです。債権者の中には、私たちがグルだといっている者もいますが、人をだますようなことはしていませんし、社長から資金の目処がついたからあすは戻るといってきているんです」

トラブルの概要がわかったが、どのような措置をとったらよいかわからないために本署に応援の要請をした。

私は二人の捜査員とともに現場に急行すると、何人もの債権者が、会社ぐるみの詐欺だと騒いでいた。債権者が店員の要望を受入れさえすれば、トラブルはただちに解消すると思われたが、そんな雰囲気ではなかった。債権者の中には、店員の制止を無視して運び出している者もおり、殺気立っている債権者を静めるのは容易ではなさそうだった。

警察は民事に介入してはならなかったし、法令の根拠なしに職務を執行することも許されない。トラブルの原因はわかっても、どこまでが民事の問題であり、どこからか刑事の問題か線を引くのはむずかしかった。犯罪に発展する恐れがあってはそのままにしておくこともできず、何らかの予防措置を講じなければならなかった。

自分で納めた商品ならともかく、他人の納めた商品を運び出すことは窃盗にひとしい行為であるが、それとて他人の家に忍びこんだ泥棒と同等に取り扱うことはできない。法律に明るく実務に詳しい者ならば、すぐに明快な答えが出せるかもしれないが、現状のまま凍結させること以外の考えが浮かんでこなかった。

警察でうまい解決方法を示してくれるのではないか、と期待していた者もいたようだが、私は黙ったまま様子を見ていた。いつまでも私が黙っていたものだから、不満を抱いていた二人の債権者が私に詰め寄ってきた。

「警察では民事に介入できないといいながら、どうして商品を運び出すことをストップさせるんだね。おれが納めた家具が店の中にあるんだけれど、それを運び出すこともできないんかね」

「それは、あなたと家具店の問題であって、警察が介入することができないんです。警察で警告をしたのは、あくまでも犯罪の予防のためであり、勝手に商品を持ち出されないように処置しただけなんです」

会社の倒産には似ているところがあっても、内容はそれぞれ異なっている。警察官の処置が間違ってしまえば、いや、たとえ正しかったとしても、群集心理の作用によって不測の事態を引き起こしてしまうこともある。警察官に落ち度がなければまだしも、誤った措置によって損害を与えてしまった時、損害の賠償を求められるかもしれないのだ。

一つの投石が大きな波紋を描くことがあるように、捜査員の一挙一動が事態の収拾に大きく関係していた。

他人が納めた商品を勝手に持ち出さないように警告したけれど、つぎの措置を容易にとることができない。どのようにしたらよいか分からなかったということもあるが、うかつにつぎの措置をとるより、手をこまねいて動静を見守っている方が無難と思えたからであった。

債権者の側からすれば、家具店のやり方は取り込み詐欺にひとしいと思えたかもしれないが、社長を信用していた従業員は、会社ぐるみの詐欺だといわれて腹を立てていた。債権者の一人がいっていたように、家具が都内のバッタ屋に売られいるとなると、詐欺の疑いで捜査をしなければならなくなる。

ふたたび、一人の債権者が抗議してきた。

「いつまで待たせるんかね。警察で解決できないというんなら、おれたちと店員と話し合うことにするから手を引いてくれないか」

「警察では、家具店の要請でやってきたんだし、双方で話し合うというんならまだしも、店員の方では持ち出された商品を取り戻したいといっているんですよ。あなたから帰ってもらいたいといわれても、問題が片付かないかぎり帰ることはできないんです」

「おれは、たくさんの不渡りをつかまされているんだよ。だまされたおれたちには商品を戻せといいながら、だました方はどうする気なんかね。だました方の話を一方的に聞き入れて、だまされた方は泣き寝入りしろというのかよ。いま、商品を引き上げていかないことには、おれのちっぽけな会社がつぶれてしまうんだ。警察には関係がないかもしれないが、おれにとっては死活問題なんだ。おれには家族もいれば従業員もおり、従業員にだって家族がいるんだぞ。警察権力で戻せというんなら戻しもするが、損害を警察で補償してくれるのかい」

深刻な事態に追いやられている債権者の気持ちは痛いほどわかっていたから、反発することはできなかった。だれかが、この債権者に同調して抗議をしてきたら、私だってたじたじになっていたかもしれないが、幸いなことに同調する債権者はいなかった。静かだが、いつ爆発するかもしれない不気味さをただよわせながら時が流れていた。

店内にはたくさんの商品が残っていたから、虎視眈眈《こしたんたん》としていた債権者も少なくなかった。商品を取り戻すことができるかもしれないと思ってか、資金繰りができて戻ってくる社長を待ってか、だれ一人立ち去ろうとしない。店員もなす術をなくしてしまい、三者三すくみの状態になり、まるでみんなが根比べをしているようだった。その中で、二人の捜査員だけが店員の話を聞いたり、トラックに積みこまれていた商品を調べるなどしていた。

世の中には、力や理論によって一刀両断に解決されることを望む人が少なくない。そうすることが最善の方法だと考えている者もおり、はた目には理想的な解決方法に映るかもしれないが、私はそのようなやり方をとりたくなかった。いくら理論が優れていても、どんなに力があるからといっても、理論や力によって打ち負かした時、打ち負かされた者に不満が残ることを経験によって知っていたからだ。それだけでなく、力に屈した者がうっ積した不満を一気に爆発させた時、予期できない事態を引き起こしてしまうことだってある。

勝ったとか、負けたというような解決方法ではなく、ごく自然にトラブルが解消することを望んでいたから、どうしても時間の助けを借りなければならなかった。

債権の回収をあきらめた人が立ち去ると、つづいてもう一人が立ち去っていった。引き上げることを強制していたら反発を招いたかもしれないが、ぽつりぽつりと引き上げが始まっていた。他人の商品をトラックに積んでいた債権者も、返還を拒否していた債権者も、取り残された気恥しさからか、しぶしぶと商品を戻し始め、いつの間にかすべての債権者が家具店から姿を消した。

大きなトラブルに発展することなく、比較的平穏に事態の解決をみたことでホッとさせられたが、私のとった措置が最善であったかどうかわからなかった。あるプロ野球の解説者が、「野球は筋書きのないドラマ」といったが、きょうのトラブルだって筋書きのないドラムみたいなものであった。

犯罪の捜査にも似たところがあり、一人の警察官の言動によって状況が大きく変化することだってある。ましてや群衆心理が働く時、予測できない事態に遭遇することは過去の例によっても明らかである。

住宅ローンのからくり

事務機器の販売会社から告訴があり、文房具や贈答品などの取り込み詐欺事件の容疑で捜査を始めた。数日した時、被害者が飲食店にいた社長のBさんを見つけて警察に連れてきたが、いまだ逮捕できる資料はととのっていない。真夜中の取り調べのために人権に配慮し、Bさんに説明すると、家に帰っても債権者に追い回されるだけだから調べてくれませんか、といった。裏づけをとることができたために逮捕し、事務所や自宅の家宅捜索をすると、サラ金業者の督促状が何通もあったが、売掛金は一つもなかった。二つの貸家《かしや》に住宅ローンが組まれていたが、いずれも未払いになっていたため、抵当権が保険会社に移っていた。

被疑者が起訴になったため、住宅ローンに何らかのからくりがあると思われ、実態を明らかにすることにした。

「資金繰りに四苦八苦していたというのに、どうして二つの住宅ローンを支払うことができるんですか」

「おれには土地も建物もあり、貸家だって二つもあるからすべての資産を処分すれば数千万円になるんだよ。警察に捕まったんじゃ、返済したくてもできないじゃないか」

住宅ローンの仕組みがわからなかったから、Bさんの説明を聞いても反論することができない。それでも二つのローンを組んでいることに疑問を抱き、それぞれの会社からBさんに関する資料を取り寄せた。給与証明書に書かれていた会社は存在せず、インチキな給与証明書が添付されていたことがわかり、支払いがとどこおっていたために物件には保険会社の抵当がつけられていた。

顧客名簿を取り寄せると詐欺の前科のある者が数人含まれており、いずれも支払いをとどこおらせており、それらの契約にも不審がもたれたためA住宅ローン会社に出向いて事情を聴いた。

「私どもはA総合建設会社の要望により、提携ローンとしたのですが、それ以前は非提携ローンになっていたのです。非提携ローンというのは、お客さんがA総合建設会社から物件を購入しようとした時、金融機関に申し込みをして融資を受ける制度ですから審査も厳しいわけです。ところが提携ローンになると、A総合建設会社の包括保証によって金融機関が融資する制度ですから、当然、審査がゆるくなるわけです。A総合建設会社が保証しさえすれば融資が受けられますが、無条件というわけではなく、提出された書類は審査しますし、融資の申し込みをしたお客さんに電話で確認はしています。A総合建設会社が保証しているため、よほどのことがないかぎり融資の申し込みを拒否することはいたしません」

「融資には、どんな条件がついているんですか」

「原則として物件の八十パーセント以内ですし、限度額が二千万円になっており、一定額以上の収入が必要条件になっているのです。お客さんが月々返済してくれさえすれば問題はないのですが、六か月以上とどこおると、抵当権が私どもから損害保険会社に移ることになっています」

住宅ローンの仕組みがわかったが、どうして二つの会社のローンを組むことができたかはっきりしない。損害保険がかけられているとしても、全額が保証されているわけではなく、損害保険の会社だって競売にかけるから全額が回収できないという。詐欺事件の被疑者として指名手配中のSさんの名義の物件があったが、そこに住んでいたのは暴力団幹部のWさんであり、そのことにも疑問があった。

「ここはSさんの家だと思うんだが、どうしてここに住んでいるんですか」

「おれはSに五百万円も貸しているが、いまだ返済されないから担保としてこの家に住んでいるんだよ。ローンがとどこおっているために立退きの要求をされているが、組んだのはおれじゃないんだから支払うことはできないよ。いくら立退きの要求をされても、五百万円を出してくれないことには出るわけにはいかないね」

A総合建設の下請けになっていたのがG住宅建設であったが、この会社が二重の契約書をつくらせているらしかった。二つのルートがあることがわかったが、一つは注文によって建設しているものであり、もう一つは頭金なしに販売しているものであった。頭金を支払って正常に契約していても、一年もたたないのに雨もりはするし、戸が閉まらなくなって困っている人もいた。

G住宅建設で建てた建物を子会社のG住宅販売で販売していたので登記簿謄本を調べると、提携ローンを結んだ時期と一致していた。二重に契約書が作成されていた物件のほとんどが、保険会社に抵当権が移っており、それにはインチキな会社の給与証明書が添付されていた。

G住宅販売の責任者から事情を聴くと、G住宅建設に名義を貸しただけのペーパーカンパニーであることがわかった。G住宅建設はA総合建設会社の下請けになっており、販売促進会議の席上、頭金なしで売ることができればもっと実績を上げることができるのじゃないか、という意見が出されたという。そのためにペーパーカンパニーのG住宅販売が設立され、頭金が不要のために業績が伸びたが、陣容や資材が追いつかなくなって手抜き工事が行われるようになったらしい。

これらの物件はすべて二重の契約書が作成されており、正規な契約書がA総合建設会社に渡され、水増しされていた契約書が住宅ローンの会社に回され、差額分から頭金が捻出《ねんしゅつ》される仕組みになっていた。

捜査がすすんで隠し事ができなくなってしまったらしく、G住宅販売の責任者がすべてを打ち明けてくれたため、住宅ローンのからくりを明らかにすることができた。

最後にA総合建設会社の役員から事情を聴いたが、言葉をにごして多くを語ろうとしなかった。会社を宣伝する資料には著名人の写真が載せられていたり、社長さんの立志伝を書いた著書が出版されるなど、立派な会社であることを宣伝していた。

会社の責任者は、二重の契約書があったことはまったく知らなかった、といっていたが、提携ローンを組む時に住宅ローンの会社の役員を温泉に招待するなどしていた。このような不正な行為が長くつづいたのは、A総合建設の暗黙の了解があったことは間違いない。

事件の概要が課長から署長に報告されたが、このようなケースの事件は初めてであり、どのような罪になるか、起訴できるかどうかが検察官と打ち合わせがなされた。

「この事件が犯罪になることは間違いないが、容疑のある者や参考人の数があまりにも多すぎし、個々の犯罪を証明するのがむずかしい。否認されると起訴がむずかしくなってしまうし、そうかといって自供した者だけ起訴するのも不公平になってしまう。詐欺師や暴力団がからんでいるから警察では検挙したいのかもしれないが、検察庁では十分な捜査の態勢をとることもできず、その点を考えてくれないか」

警察と検察庁の立場は異なっているが、検察庁がこのような判断をしたために強制捜査に踏み切ることができなかった。

人間にさまざまな病気があるように、世の中にもいろいろな犯罪があるが、住宅ローンの問題だって社会の一つの病気のようなものかもしれない。捜査したためにG住宅販売は倒産し、G住宅建設はA総合建設会社との代理店契約を破棄されて営業が不振におちいってしまった。上場をめざしていたA総合建設会社であったが、捜査によってダメージを受けたらしく、第一回の不渡りを出して倒産の危機に立ち至ってしまった。

詐欺師と情婦

指名手配被疑者捜査強化月間に入ったため、かご抜け詐欺で指名手配しているNさんの追跡捜査をすることになった。手配をしてから二年以上が経過しているが、情婦と一緒に逃げているとの情報を得ることができた。情婦と思われる実家がわかったので訪れると、広い庭には古木があり、たくさんの盆栽などが旧家の面影を残していた。この家の主人は一年前に死亡していたため、それらのことを考慮しながら玄関をまたいだ。

警察手帳を示して警察官であることを告げると、奥さんはひどくびっくりしたようだった。世間話や盆栽の話をするなどして気持ちが和《なご》んでから、Nという男を捜しているんですが、おたくの長女と一緒に暮らしているということを聞いたものだから、それを確かめようと思ってうかがったわけです、といった。すると、警察の方にはウソはつけませんから、包み隠すことなくお話しすることにいたします、といって話してくれた。

「一年半ほど前に二人の子どもを残したまま家出をしてから、まったく音沙汰《おとさた》がないのです。家出をする一か月ほど前のことですが、自殺しようとしたところを通りかかった人に助けれ、親切な人家まで連れてきてもらったのです。そのことが縁になって交際が始まったのですが、親切な人だと思っていたから何もいわなかったのです」

「娘さんは、どうして家出をしたのですか」

「娘は元気を取り戻しましたが、Nさんがどんな仕事をしているかわからず、それが気になったのです。娘は何も話したがらなかったが、前科のあることがわかったため、別れなさい、と強くしかってしまったのです。それから私とは口を利《き》かなくなり、数日した時にだまって家を出てしまったのです」

「それから音沙汰がないということですか」

「親戚や知人に尋ねたがわからず、夫の入院を知らせることもできず、葬儀にも姿を見せなかったのです。今度の子どもの日が一年忌になりますが連絡をとることもできず、どのように暮らしているのかそれが心配なんです」

「娘さんはどのような生活をしてきたのですか」

「私のところは旧家といわれており、私の実家も村長をやったことがあり、娘にも教養をさせたつもりでした。長女の見合いの相手という人が県庁に勤めており、家柄も立派だというので結婚させたのですが、甘やかされて育てられたらしくわがまま一杯に振る舞い、自由にものがいえるような状態ではなかったようです。娘は家に戻ってくるたびに、『夫は両親のいいなりになっており、私が頼んでも少しも聞き入れず、朝から晩まで奴隷のようにこき使われているんです。買い物をする時でも余分の金は持たせてもらえず、子どもにも何も買ってあげることができないんです』と泣きつかれたことが何度もありました。そのたびになだめて嫁ぎ先に戻していたのですが、どんな理由かわかりませんが、五年ほど前に一方的に離縁させられてしまい、私どもで引き取って別棟に住ませていたのです。Nさんは娘にとって命の恩人みたいな人であり、もっと娘にやさしくしてやればよかったと思っています。離婚していなければ、いまでは県庁の課長夫人になっていたわけですが、情けないことに前科者の情婦になりさがってしまったのです。こんなことはだれにも話せることではなく、老い先の短い年寄りの愚痴と思って聞いてください」

娘さんが奴隷のようにこき使われている、という話を聞かされた時、ある小説の主人公を思い出してしまった。たとえ金銭的には不自由しないとしても、自由を奪われて人間性を無視されてしまえば、生きる張り合いがなくなるのも無理からぬことである。

そもそも旧家であるとか、地位が安定しているとか、資産があることを結婚の条件にしていたことが間違っていたのではないか。夫だった公務員より、Nさんのような詐欺師により人間的な魅力を感じたとしても不思議なことではない。

情婦の実家の聞き込みを終えてから、パートで働いている被疑者の妻のところに立ち寄った。娘と二人で暮らしている方が気が楽でいいんですが、夫の所在がわからないために離婚の手続きをとることができないんです、といっていた。

被疑者が逮捕になれば、情婦がどんな生き方をしていたかわかるし、妻の望みだってかなえられかもしれない。追跡捜査をつづけながら、指名手配被疑者の家族や関係者にいろいろの事情があることがわかった。

中学校建設汚職

午前中で定期招集が解除になり、昼食を済ませてから聞き込みに出かけようとした時、中年の男とすれ違った。一瞬、どこかで会ったような気がしたが、どうしても思い出すことができない。相手もまじまじと見ており、やがて、Sさんの家で下宿していなかったですか、と聞いてきた。二十数年前のことがよみがえった時、下宿の一階の建設会社の事務所で働いていた人とわかった。

Gさんは、現在は小さな設計会社を経営しているが、資金繰りのためにBさんに手形の割引を頼んだが、金を受け取ることができず、Bさんの所在がわからないために告訴に踏み切ったという。Bさんはリストに載っている人物であり、手形が暴力団に流れている疑いがあったため、受理して捜査することにした。

マージャン荘に出入りしている疑いがあったため、店主に電話してBさんが立ち回っているかどうか尋ねた。三日ほどした時にGさんから電話があり、パクられた手形が新聞受けに入っていました、とのはずんだ声が聞こえた。

建設業界のことについてはある程度わかっていたが、設計業界のことになるとまったくわからなかった。Gさんから話を聞いているうちに、施主と設計業者と建設業者の関係だけでなく、随時契約によって設計会社に発注されることが多いこともわかった。

公共工事には設計業者は初めの段階からかかわっているため、見積りが密接な関係にある建設業者に漏れたりするという。

Gさんから、K町中学校の建設にからんで町議がワイロを受け取っているらしい、という話を聞くことができたが、どうしても突っ込んだ質問をすることができなかった。

K町には二十四人の町議がいたが、ほとんどが保守系の無所属であり、議事の決定が一部の有力な議員によって左右されているらしかった。選挙に金がかかるからワイロをもらうんじゃないですか、という町民の声を聞くことができたが、具体的な話をしてくれる者はいない。

町長や議会議員選挙にあっても多額の金が使われ、買収や供応をしないと当選できない、とさえいわれていた。総務委員会に所属していたS議員とH設計が関係していることがわかり、さらに内偵をつづけると、五十万円の現金がS議員に贈られている疑いが濃厚になってきた。

どうしても新たな資料を得ることが困難な状況になり、捜査会議を開いて検討した結果、直接に事情を聞いたらどうか、ということになった。私と部長刑事が指示されてS議員の自宅へ出向いたが、どのように話を切り出したらよいか考えながら玄関をまたいだ。奥さんに警察手帳を示して身分を明らかにし、S議員に用件のあることを伝えると、町議のSさんが見えた。

「ざっくばらんに尋ねますが、Sさんのところに五十万円が贈られていると聞いてやってきたのですが、それは事実ですか」

いきなり尋ねたものだから返答に困ったらしく、しばらく沈黙がつづいた。

「だれに聞いてきましたか」

「単なるうわさなのか、真実なのか、Sさんに確かめようと思ってやってきたのですが」

Sさんは質問には答えようとせず、何か考えていたらしかったが、やがて奥座敷にいって茶封筒を持ってきた。

「これが預かっている五十万円ですが」

「それでは、ここで確認させてもらいます」

指紋がつかないように気をつけながら数えると、一万円札が五十枚あった。情報に間違いないことがわかったが、この段階では選挙の陣中見舞いなのか、ワイロなのかはっきりさせることができなかった。

「この現金は、だれから受け取ったのですか」

そのことには答えられないらしく、ふたたび重苦しい沈黙がつづいたため、話題を変えざるを得なかった。

「交通安全協会の役員をなさっているようですが、長いのですか」

「十五年以上になり、表彰されたばかりなんです」

このような話をしながらお茶をにごしていたが、いつまでも自宅で事情を聞いているわけにもいかず、本署まで任意同行を求めた。

「さきほどの質問のくり返しになりますが、だれから受け取ったのですか」

「私の留守中に女房が受け取ってしまい、返そうと思っていたが、返しそびれてしまったのです」

「どんな理由で持ってきたかわかりませんか」

だれがどのような趣旨で持ってきたものか、一刻も早く知りたかったが、Sさんはいつまでも黙ったままであった。H設計の人が持ってきたんじゃないですか、といいたかったが、誘導尋問の疑いを招きかねないので取り止めた。しばらく沈黙がつづいていたが、やがて覚悟を決めたらしくぽつりぽつりと話し始めた。

「一か月以上になりますが、H設計の社長さんと営業部長の二人が私の家に見え、どうしても受け取ってもらいたいんです、といって無理やりに置いていったのです」

「何の理由もなく置いていく人はいないと思うんですが」

「いま、中学校建設の話が持ち上がっていますが、よろしく頼むといわれました」

「すると、中学校建設に関係しているということですか」

「そのとおりです」

「Sさんは、議会でどのような仕事をしているんですか」

「中学校の建設は総務委員会に属しており、私がその委員だからだと思います」

五十万円の現金がH設計から贈られていることや、S議員に職務権限があることがわかったため、H設計の社長と営業部長の任意出頭を求めて、取り調べをすることになった。

「社長さんは、S議員の自宅にいったことはありませんか」

「S議員とは親しくしており、時々うかがっていますが」

「中学校建設の設計のことで現金を贈ったことはありませんか」

「そんなことはしていませんよ」

「そんなことをしていないといっても、S議員が認めているし、すでに五十万円が押収されているんですよ」

「それでは包み隠すことなくお話しますが、S議員に五十万円を贈ったことは間違いありません。総務委員会には数人の議員がいますが、すでにS議員以外の議員については根回しが済んでおり、S議員だけが反対していたからです」

社長さんがそのように自供したものだから、否認をしていた営業部長のAさんも事実を認めざるを得なくなった。

贈収賄の事実が明らかになったために二人を逮捕し、広報官から発表された。翌日の各紙に大きく取り上げられたが、捜査に支障を来《きた》す部分が伏せられており、S議員は任意の取り調べになったからいささか事実と異なったものになっていた。

検察庁へ身柄が送られて勾留になったため、本格的な取り調べが始まった。

「現金出納簿には、ワイロに使われてた五十万円の出金が見当たらないんですが、どこから出ているんですか」

「ポケットマネーですから、どこにも記載されていません」

「そのポケットマネーは、どこから出たのですか」

「そんなこと、いちいち覚えていませんね」

帳簿や伝票類を調べると多額の交際費が使われていることがわかったが、ワイロと思われるような支出は見当たらない。さらに被疑者の取り調べをすすめていくと、設計業者の間でも談合が行われていることがわかった。

二人の取り調べをつづけているうち、だんだんと供述に矛盾のあることがわかってきた。どちらかの供述がウソであるか、二人ともウソをついているか、どちらかということになり、その矛盾を追及していくと、専務さんが関係していることがわかった。

「社長さんと共謀していることがはっきりしたのですが、それに間違いありませんか」

「社長に相談されて証拠隠滅をしたことは間違いありません」

「常務さんも参加しているようですが」

「みんなで相談して決めたことですが、常務はその場にいたたげで何の発言もしておりません。常務も逮捕されてしまうと、会社の責任者がいなくなってしまうんです」

「会社の都合があるかもしれないが、私にはどうすることもできないから、そのことを上司に報告しておくことにいたします」

常務さんにも共犯の疑いがもたれたが、捜査も最終段階に差しかかっており、強制捜査の必要はなさそうだった。結局、任意の取り調べとなったが、会社の内情が考慮されたかどうかはわからなかった。

逮捕された被疑者が全面的に自供したため、家族との面会が許されることになった。営業部長のAさんのところに奥さんが面会にやってきたが、夫の顔を見たとたん泣き出してしまった。しばらくすると、警察はもっと怖いところと思っていましたが、主人の話を聞いてホッとしました、といった。

Aさんの取り調べを終えて部屋に戻った時、二人の部下が友人の結婚式に参列できないとなげいていた。すでに捜査が一段落しており、どうしても参加させないのか課長に尋ねることにした。

「あすの日曜日に友人の結婚式に参列できない部下がいるけれど、署長から勤務命令が出されているんですか」

「捜査に支障はないんだが、本部から応援がきているからまずいんだよ」

「そんな理由だったら、参加させたらどうですか」

「それだったら、本部の人にわからないように出かけてもらうことにするか」

この時、課長の本心を知ることができたが、課長が私をどのように評価したかはわからない。新人の課長として赴任してきた時、あまりにも口うるさく指示してくるため反発を覚え、ややっこしい事件について捜査の指示をあおいだことがあった。参考書に載っているような説明をしただけであり、その後も同じような伺いを立てると、私には口うるさくいわなくなった、という経緯があった。

H設計の資料で明らかになったのは、S町の町長さんにお歳暮として十万円の商品券が贈られ、G町の町長さんには当選した祝いと高価な美術品が贈られていた。F市の建設課長には冷蔵庫、県議のJさんの海外視察旅行には三十万円、そのほか公務員を飲食やゴルフに接待していることも明らかになった。B町の町長さんには政治献金として百万円の現金が贈られていたが、B町の設計業者が後援会長と設計業界の幹事を兼ねており、設計を請け負うための布石にしていたらしかった。

一連の捜査を通じてわかったのは、ご年始やお歳暮、子息の入学や就職祝などの名目で金品が贈られており、実質的にはワイロであったとしても立証が困難なものばかりであった。三人とも起訴され、S議員は不起訴になって事件の幕を閉じることができたが、ここにいたるまでにいくつもの難問が横たわっていた。

ニセ版画づくりの古美術商

知能犯刑事にとって、ニセモノか本物か、ウソかまことかということは大いに関心のあるところである。模造品が模造品として取り扱われているのであれば問題はないが、ニセモノが本物として市場に流通するようになると混乱が起こってしまう。

本物は高価だから手に入れることができず、模造品で間に合わせている人にとってはそれなりの価値があることになる。ところが、本物と思ったものがニセモノとわかった時、どのような気持ちにさせられるだろうか。

本物と思って所持していたものが、ニセモノとわかったとたん、だまされていたことに気がつく。ニセモノとして処分すれば二束三文になってしまうため、本物として処分したい気になっても、それでは罪に問われることになる。トランプのババ抜きゲームではないが、最後にニセモノをつかんだ者が損をすることになりそうだ。

一流の美術館の中にさえ、ニセの疑いのある美術品があるという。絵画でも習字でも人まねから始められるというから、師匠に似てしまうのは当然のことかもしれない。本物かどうかは、うまいとか下手《へた》とかということではなく、作者自身の作品かどうかによって決められる。鑑定書が添付されていることもあるが、それがニセモノということもあるから、すべて信ずることはできない。

聞き込みのために町工場を訪れた時、そこの主人が古銭をつくっていた。溶かした金属を古銭の型に流し込み、出来上がると塩漬けにしたり、土中に埋めておいたりするという。一枚だけ見せられた時には、古銭かどうかわからなかったが、本物と比べると明らかに異なっていることがわかった。古銭にはニセモノはないと思っていたが、現物を見せられたために認識を変えざるを得なくなった。

ニセの古銭の話をしている時、ニセの版画が出回っているらしい、という話を聞くことができた。詐欺事件の捜査を兼ねながら美術愛好家といわれている人のところを巡り、ようやくMさんの版画を買った人を見つけることができた。売りにきたのはM市の四十歳ぐらいの古美術商とのことであり、「これらは亡くなった有名なM先生の版画ですが、生活に困った家族が手放すことになったのです。百万円もする高価なものですが三十万円でお願いしたいんです」といわれ、掘り出し物と思って二枚を買ったという。

現物を見せてもらったが、M先生の落款《らっかん》があったものの本物かニセモノかわからず、任意提出を受けてM鑑定会で鑑定してもらうことにした。

さらに捜査をつづけると、Mさんの版画を買った不動産屋さんがいた。

「ニセモノと決まったわけじゃないんですが、買った時の事情を話してくれませんか」

「いきなり車で乗りつけ、『版画が好きだという話を聞いてきたのですが、格安なものがあったので持ってきたのです。これはS県のコレクターが持っていたものですが、資金繰りに困って手放すことになり、K市内の画廊の主人にも購入してもらいました。普通なら百万円もするんですが、特別に二十万円にしておきますから何枚か買ってくれませんか』といわれ、三枚も買ってしまいました」

この版画にもM先生の落款があり、不動産屋さんは本物と信じていたらしかった。

二種類の版画はいずれもニセモノと判明したため、本格的に捜査に乗り出した。ニセの版画を売っていたのがY美術商であることが確認されたため、任意出頭を求めて事情を聴いた。版画を販売したことは認めたものの、同業者の紹介によって買ったというだけであり、ニセモノとは知らなかったとの供述をくり返すばかりであった。

「Yさんが不動産会社の社長さんに売り込みにいった時、すでに会社員からニセの疑いがあるとしてキャンセルされていたのではないですか。ニセの版画の疑いがあるというのに、どうしてS県のコレクターが持っていたものだ、といったのですか」

「ほんとうにコレクターが持っていたからですよ」

「すると、コレクターの名前は知っているんじゃないですか」

「迷惑をかけたくないから、その人の名前をいうことができないんです。Mさんの版画を取扱ったのは初めてですし、ニセモノとわかっていれば仕入れることはしなかったし、売るなどということは絶対にできませんよ」

Yさんは、あくまでもニセモノであることを知らなかったと主張していた。それなのにコレクターの名は明かそうとせず、そのことに疑問が残っていたために追及すると、ついに自供するようになった。

「だれがつくったかわかりませんが、ブローカーのNさんから一枚五万円で仕入れ、それを二十万円か三十万円で売っていたのです。いままでに三十枚ほど売りましたが、ニセのうわさが広まったために一部を回収しています」

Yさんが犯行を認めたため詐欺の容疑で通常逮捕し、さらにNさんの任意出頭を求めて取り調べをした。すると、Yさんに売ったことは認めたものの、ニセモノであることに気がつかなかったと供述するのみであった。

「気がつかなかったかどうか、Nさんにはよくわかっているんじゃないですか。N食品の社長さんとも懇意にしているようだし、暴力団のG組長とも付き合いがあることがわかっているし、いくら知らないといい張っていても、すでにYさんがすべてを自供しているんですよ」

「どうして、初めにそれをいってくれなかったんですか」

「Nさんが、どれほど正直に話してくれるか、それを確かめたかったからですよ。ところで、ニセモノの版画をつくっていたのがだれか、それはわかりませんか」

「知らないといっても、それは通りそうもないからほんとうのことを話すことにするよ。Yと一緒にS県のA古美術商のところへいった時、版画をつくっているところを見せてもらったのです」

だれがつくっていたか明らかにしなかったYさんも、ついに全面的に自供するにいたった。そのためAさんの逮捕状と捜査差押許可状を得てS県に出張すると、すでに覚悟していたらしくすなおに逮捕に応じ、自宅や作業場の捜索によって多数の証拠品を押収した。

「Aさんは、どうしてニセの版画をつくるようになったのですか」

「私は長いこと古美術商をしており、その間にたくさんの美術品を見たり、立派な作品に触れたりしましたが、ちゃちな作品と思えるものに高い値がつけられていたのもありました。むかしから美術品に大いに興味があり、M先生の版画が描きやすいのでまねるようになったのです。Yさんに見せたところ、『これは本物そっくりだから売れるんじゃないか』といわれ、本気になって描くようになったのです。いま見せられた版画は私が描いたものですし、Yさんに売ったものに間違いありません」

初めは趣味として描いていたから、M先生のほかにG先生のものや漫画家のS先生の作品をまねていたという。市場で仕入れた元絵を使ってこつこつベニヤ板に複製していくと、だんだんに本物に似た版画ができるようになり、Yさんに買ってもらうようになってから大量につくるようになり、偽造した鑑定書をつけると売れ行きがよくなり、二人の女性に手伝ってもらうようになったという。

このようにAさんが供述したが、これはYさんの供述とも合致しており、参考人の供述や証拠資料によって裏づけることができた。

版画の愛好家といっても、初めて版画を手にした者もいれば、投機の対象として買い入れていた者もいた。版画に詳しいと思われていた人の中にも、巧妙につくられていたニセモノに気がつかなかったり、偽造されていた鑑定書を信じていたり、うまい話にだまされるなどさまざまであった。少しでも版画の知識があったなら、あまりにも安い価格に疑問を抱いてもよかったのではないか。

新聞がニセの版画の事件を大きく取り上げていたのに、被害の届け出にやってくる者は少なかった。報道に気がつかなかったのか、証拠品として没収されることをおそれていたのかわからないが、すべての販売先が突き止められて全員が任意提出の憂き目にあってしまった。

本物かニセモノか、それを識別するのはなぜなんだろうか。鑑賞するためだけであったなら、本物であろうとニセモノであろうと差し支えないのではないか。

ところが、本物と思って購入したものがニセモノとわかったり、逆に、模造品と思っていたものが本物と鑑定されたりすると、その物に対する見方が変わってしまったりする。どのような鑑定結果になろうとも、作品そのものには変わりはないのに、どうして価値観だけが大きく変わってしまうのだろうか。

本物をしのぐようなニセモノはないかもしれないが、本物そっくりな物をつくることは可能である。一流の鑑定家でも白黒つけがたいものがあるというから、素人にわからないのも無理からぬことである。鑑定書を信用してしまう傾向にあるため、鑑定が故意にゆがめられてしまうのかもしれない。

美術品や骨董品などにニセモノがあるだけでなく、人間だって偽善者というのがいる。世の中にはさまざまなタイプの人がいるが、もっとも困るのはまじめそうでふまじめな人である。地位があるから信用できるとか、貧乏人だから信用できないと考えている人は、ニセモノの鑑定書を信じやすい人かもしれない。

ニセモノか本物か、それは他人に頼るのではなく、自分の目で確かめるほかなさそうだ。

美人局《つつもたせ》の恐怖

美 人局と書いて、なぜか「つつもたせ」と読む。国語辞典によると、「筒持《つつも》たせ」が語源になっており、博徒《ばくと》の間で使われた言葉らしいという。

キャバレーやバーには、暴力団の息のかかっている店があったり、暴力団幹部のひもになっているホステスがいたりするが、一般の客には見分けるのはむずかしい。

ところがホステスになると、客の職業を当てることがうまい人がいるが、開放的になった客が何でもしゃべったりするからかもしれない。規律が重んじられている公務員の中にだって、酒癖や女癖の悪い者がいたり、操縦術に長《た》けているホステスの罠《わな》にはまり、予期しない方向にすすんだりもする。肉体関係を結んでから暴力団幹部のひもと気づいたのでは手遅れであり、美人局の被害にかかってしまうことにもなる。

競輪や競馬にくわしいGさんなら、美人局のことを知っているかもしれないと思って出かけていった。ゴルフやプロ野球などの話をし、タイミングを見計らって美人局について尋ねると、ホステスのSさんがAさんの情婦になっているらしい、と話してくれたが、さらに質問をすると口が重くなってしまった。美人局が行われているかどうかはっきりしなかったが、疑念が残っていたために内偵をつづけた。

Aさんの子分たちが開店したばかりの飲食店に出かけていき、嫌がらせをしているということを聞き込んだ。ヤクザ風の三人の若い男が飲み物を注文し、入れ墨をちらつかせたり、長い時間ねばって店に迷惑をかけ、店の主人が金で話をつけようとすると、月々二万円の警備料を要求され、仕方なく応じてしまったという。これだけの話を聴くことができたが、どうしても被害の届け出をしようとせず、捜査は行き詰まってしまった。

新規開店の店だけでなく、飲食店に植木を貸し付けている疑いもあり、いくつかの飲食店をめぐった。いやがらせをされることを恐れていたらしく、多くの店が捜査に非協力的であったが、ようやく被害書類を作成することができた。恐喝の容疑で三人を逮捕して取り調べをし、裏づけや余罪の捜査を兼ねながら内偵をすすめたところ、Aさんが美人局をやっている疑いが濃厚になってきた。

ふたたびB社の社長さんを訪ね、事情を説明して協力を求めることにした。

「三人の暴力団員を逮捕して取り調べをした結果、社長さんがAさんに脅《おど》かされていることがはっきりしたのです。いいにくいかもしれませんが、この際、すべてを話して暴力団との腐れ縁を断ち切るようにしたらどうですか」

男と女が合意の上で関係したことであったが、社長のBさんは情夫と名乗る男から大金を脅し取られていた。まさしく美人局の被害者であったが、慰謝料という名目になっていたし、警察に届け出ないようにくぎを刺されていたから口が重かった。

「黙っていようと思ったのですが、事実がはっきりしたんじゃ、いつまでも黙っているわけにいきませんね。何度かバーにいっているうちにS子と親しくなり、誘われてホテルに泊まると、その翌日、亭主と名乗る男が社長室に見え、『どうしておれの女に手を出したんだ。この落とし前をどのようにつける気だ。金を出さなければ女房に知らせるぞ』と脅され、やむなく二百万円で話をつけたのです」

事実を明らかにすることができたため、Bさんを被害者とし、暴力団幹部のAさんとホステスのS子さんを恐喝の容疑で逮捕した。二人とも現金を受け取ったことは認めたものの、慰謝料だったとの主張を変えようとしないため、自供を求めての取り調べがつづけられた。

美人局の被害者は何人もいたが、その中に競輪選手がいた。その者から事情を聴いたが、暴力団とは関係がないといい張っており、美人局の被害についても否定していた。

「いま、暴力団幹部らを逮捕し、美人局についても取り調べをしているところなんです。暴力団と関係がないといっても、暴力団幹部が、あなたから慰謝料を受け取っていると話しているんですよ。この際はっきりさせておかないと、いつまでも暴力団に脅されることになってしまうんじゃないですか」

「友達と一緒にバーにいった時、ホステスのS子さんと親しくなり、その後、誘われてホテルに泊まってしまったのです。すると、亭主と名乗る四十歳前後の男が家に見え、腕の入れ墨をちらつかせながら、『おれの女をとられたんじゃ、黙っているわけにいかねぇや。二百万円で手を打つ気はねぇか』とすごまれたのです。そんな大金はありませんというと、『それじゃ、今度のレースで手心を加えてくれないか』といい出したのです。それも断ったところ、『それじゃ、二百万円で手を打つしかないな』といい、もう少し考えさせてくださいというと、『まさか、警察にたれこもうというんじゃねぇだろうな。そんなことをすれば、これからは競輪ができなくなることを覚悟するんだな。こんどの日曜日の正午にMホテルのロビーで待っているぞ』といって帰っていったのです。念を押されていたために警察に届け出ることもできず、Mホテルのロビーで二百万円を手渡すと、それでけりがついたらしく何もいってこなくなったのです」

A級選手が出場したレースを調べると、本命なのに着外になっていたのもあったが、それだけで八百長が行われたという証明にはならない。選手も暴力団幹部も八百長レースを否定していたが、それでも疑念を晴らすことができなかった。

被害者の多くが暴力団に弱みを握られており、そのために届け出ができずに泣き寝入りしているケースが多かった。それだけでなく、後難《こうなん》を恐れて捜査に協力する者が少ないため、暴力団の取り締りをよりむずかしいものにしていた。

私設秘書と選挙ブローカー

政治の主役は有権者にあるといわれているが、どれほど意思が反映されているだろうか。無党派層や無関心層が増えて政治離れの傾向が強くなっている一方、市民運動が展開されているが盛り上げに欠けている。選挙が行われるたびに有権者は、投票するか棄権するか、投票するとすればだれにするか、という選択を迫られる。だれが当選しても政治が変わらないと思っているためか、投票率は年々低下の傾向にあるという。

公職選挙法をきちんと守っていれば、大金がかからないといわれているが、金をかけないと当選できない、という声も聞かれる。たくさん金を使った候補者が当選し、正しい選挙をやった候補者が落選するという図式は好ましいことではない。

金を使って当選した者は、次の選挙でも金の準備をしなければならず、どれほど国民のために働くことができるか疑問である。政治家に責任があるのは当然だとしても、選ぶ側にも大きな責任があるように思えてならない。

村と都市、保守と革新、首長と議員の選挙によっても異なるから、すべてを一律に考えることはできない。首長や議員が無投票で決められる裏側では、金を受け取って立候補を辞退するケースもあったり、選挙ブローカーによってみにくい取引がなされることもあるという。無投票になれば選挙運動も行われず、選挙費用もかからなくて済むが、民主政治の破滅につながることになりかねない。選挙ブローカーは激しい選挙を望むため、金があって政治に野心のある者をあおって立候補させたりもする。

今回の県議会議員選挙の大きな争点になっていたのが、大型店舗の進出であった。市街地と郊外の有権者の受け止め方は大いに異なっており、候補者も戸惑っているのが現状であった。新人の候補者は現職の地盤へ食い込みをはかり、現職は防戦に必死になるなど、各地で激戦が展開されていた。候補者や運動員がどれほど法を守っているかわからないが、ひそかに買収や供応が行われていたらしかった。

A代議士の私設秘書を自称するDさんは、前回の総選挙で友人に誘われて手伝うようになってから事務所に出入りするようになった。妻には私設秘書になったと話してあったから、定時に家を出たものの行き先がなく、駅前の喫茶店で時間をつぶすことが多くなっていた。

事務所にいっても決まった仕事がなく、代議士の家の草むしりや買い物をするようになり、月に十万円の手当てをもらうことができた。それだけでは家族四人の生活費には足りず、後援会役員から政治献金をしてもらい、事務所の了解のもとにその一部を生活費にあてる生活をつづけていた。

Dさんは、A代議士の後援会の役員の紹介により、選挙ブローカーのBさんと親しくなっていた。県議選が始まった時、BさんはS県議についていたが、どんな理由かわからなかったが、途中でM県議に鞍替えしていた。

たまたまDさんは街の中を歩いていた時、幼なじみのWさんに会い、暴力団員であることを知ったため、M候補に投票してもらうために一万円を手渡した。Wさんは小遣い銭感覚で受け取っていたから、このことを仲間に吹聴し、これが暴力団犯罪担当の刑事の耳に入り、買収の容疑で捜査されることになった。

投票日の翌日、暴力団員と私設秘書のDさんの任意出頭を求めて事情を聴取すると、二人とも事実を認めたために逮捕した。Dさんは、暴力団員の数が多いから少しは票が集まるのではないか、と思って渡したというが、Wさんは小遣い銭感覚で受け取っていたことがわかった。金の出所について追及すると、ポケットマネーだとの主張をくり返すばかりであり、上層部への波及をおそれているらしかった。

「ある選挙事務所の人から聞いたんだけれど、県会議員には国会議員の系列があるということですが、どうしてそれがわかるんですか」

「選挙が近づいてから金銭のやり取りがなされると、選挙違反で捕まってしまうため、お歳暮やお年始などの名目で金が渡されているんじゃないですか。家族構成などが調べてあるから、誕生日とか入学祝などの名目で贈り物をし、受け取れば味方、拒否すれば敵というように判断するのではないですか」

選挙違反で捕まったDさんは、私設秘書を辞める覚悟を決めたらしく、質問にすなおに答えるようになった。選挙ブローカーといわれている人は、金があって政治に野心のある者を担ぎだし、おこぼれに与《あずか》ろうとしているが、選挙の数はかぎられているだけでなく、無投票ということもあるから、かせげるチャンスはいたって少ないという。

「Dさんは、ほんとうにポケットマネーを使ったのですか」

「事務所を辞めることにしたから、これからはほんとうの話をすることにします。選挙ブローカーといわれているBさんから十万円の現金を受け取ったのです」

「初めはS県議の応援をしていたというのに、どうして途中からM候補の応援をするようになったんですか」

「Bさんの話によると、『S候補の事務所で金を出さなくなったからM候補の応援をするんだ』といっていました」

「暴力団員のAさんのほかに、現金を渡した者はいませんか」

「喫茶店で暇潰《ひまつぶ》しをすることが多かったので、店で知り合った人にも渡していますが、その人たちには投票の依頼はしていません。M県議の応援をしている話はしましたから、投票してくれた人がいたかもしれません」

選挙ブローカーのBさんについては、逮捕状を得てから任意出頭を求めた。Dさんに十万円の現金を渡したことは認めたものの、Dさんの生活費の足しにするために与えたものだという。否認のまま逮捕して自宅の捜索をしたが、証拠隠滅をはかったらしく選挙に関する資料はまったく見当たらない。

「Bさんには正業がなさそうですが、選挙ブローカーが商売なんですか」

「あまり人聞きの悪いことをいわないでくださいよ。私のやっているのはまともな選挙運動なんですよ。D君に十万円を渡しているが、あれはポケットマネーから生活費として渡したものであり、選挙にはまったく関係がありませんよ」

否認をつづけていたBさんであったが、否認しているより認めた方がよいと思ったらしく、Dさんに手渡した十万円の買収容疑だけは認めた。だが、金の出所についてはポケットマネーの主張を変えようとしないため、取り調べは一頓挫《とんざ》してしまった。

取り調べにあっては、被疑者と捜査員との戦いみたいなところがある。だが、捜査員は一定のルールを守らなければならないが、被疑者は黙秘することもウソをつくことも自由である。どのようにして自供を得るか、それが腕の見せ所になるが、行き過ぎてしまうと人権問題になりかねない。

Bさんがすべてを自供すれば、累《るい》が候補者におよぶおそれがあっては、黙秘をつづけるほかなかったのかもしれない。選挙ブローカーとして生きてきたと思えるBさんとあっては、自供するかしないか、それは自らの生活にもかかわってくる重大な問題のようだった。いくらポケットマネーに疑いを抱いたとしても、ほんとうのことを知っているのはBさんであり、私にはわからない。

健康商法の裏表

たとえ健康に自信のある人であっても、暴飲暴食をつづけていたり、過労や睡眠不足に陥れば健康を害してしまう。多くの人が健康のことを考えて食事や運動をしているようだが、それだって長生きができるという保証はない。万病に効くとか不老長寿などのキャッチフレーズが目につくと、ストレートに飛びつく者がいるが、それを飲みつづければ健康になれると思っているのだろうか。健康のためになると思って飲んだり食べたりしていたが、後になって体に悪いとわかった時、何ともやり切れない気持ちにさせられるに違いない。

健康食品と名のつくものが何百種類もあるといわれているが、健康という二文字をつけると売れるといわれている。長いこと食べたり飲んだりしているから、健康を保つことができるんだ、と考えている人だっている。著名人を宣伝に利用したり、効果のあったことを吹聴したりしているけれど、膨大な宣伝費をかけていることに疑問を抱いてしまう。

いつだったか、紅茶キノコがブームになったことがあったが、それが下火になるとクロレラが売れるようになったという。肥満が体によくないといわれると、ダイエット食品を食べるようになり、栄養がないというのでコンニャクが仲間入りをするようになった。豆乳ブームが起きたかと思うと、スポーツドリンクが爆発的に売れるなど、みんなが健康という宣伝に踊らされているみたいだ。

自然食ブームがやってくると、添加物の入った食品が敬遠され、文字が片隅に小さく表示されるようになった。どのように見せかけたところで、不健康なものが健康的になるはずがなく、すべての食品から添加物を除去することはできないのではないか。

コピー食品といわれているものの中には、本物なのかコピー食品なのか見分けることが困難な物もある。コピー食品をつくっている業者はより本物に近づけようとするから、色も形も味も自然のものに近くなってくる。コピー食品の方がうまくて安いということになれば、本物よりも好まれるようになるかもしれないが、安全性や栄養のことを考えると、その疑問を晴らすのが容易ではない。

捜査のために菓子工場へいったことがあった。ここでは主に観光地や温泉向けの菓子類を製造販売していたから、土産物用のレッテルも用意されていた。同じ原材料を使っていても、色や形や香料を変えるだけでそれぞれ別の菓子のようになることがわかった。それからは菓子に対するイメージが変わってしまったが、このようなことは他の飲食物にもあるのではないか。

朝鮮人参液ががんに効くと称して販売していた業者が、厚生大臣の認可を受けなかったとして薬事法違反で摘発された。韓国から輸入されたものであったが、韓国では名の通った健康食品であったというから、国によって取扱いが異なるのかもしれない。

以前、朝鮮人参酒を売っていた業者を詐欺の容疑で取り調べたことがあった。この業者は、朝鮮人参とレッテルだけを韓国から仕入れ、焼酎の入ったビンにこの人参を浸して販売していた。一本の材料費が三百円に満たないというのに、本物の朝鮮人参といつわって数千円で売っていたが、これだって朝鮮人参酒といえなくもない。

健康食品ブームが影響してか、あっちこっちで薬事法違反が摘発された。「一日に三回飲むだけでだれでもやせられます」と宣伝し、通信販売をしている会社があったが、はたして健康食品ということができるだろうか。やせるということは身体に何らかの障害がおきていると考えれば、やせたからといって素直に喜べないのではないか。

健康商法というのは食品にかぎられたわけではなく、健康器具として売り出されている物も少なくない。販売業者は体に効果があるといっているが、専門家の意見と異なっているから信用できるかどうかわからない。許可を受けていないのに効能を謳えば、薬事法に触れることになり、薬と健康食品の区別がつきにくい。健康を保つために健康器具や飲食物に頼る人は少なくないが、健康的であるかどうか、自ら確かめて使用したいものである。

派手なテレビコマーシャルを流し、浴用器具を販売していた業者が警察に摘発された。未承認の浴用剤を製造販売していたことが発覚し、販売方法にも問題があったことがはっきりしたからだ。浴用器具を買った者が普及員となり、一台を十三万円から二十万円で売り、十五パーセントが支給され、四台売るとシルバー会員に昇格し、紹介した普及員が売上げを伸ばすと、ゴールドやスーパーゴールド普及員に昇格していった。昇格すると一台あたりのマージンは下がっても、ネズミ算式に増えた配下の普及員が販売した分を、労せずして受け取ることができる仕組みになっていた。

無理やりに買わされてしまったとか、借金までして普及員になったが売れなくて困った、などの苦情が寄せられるようになったという。業績を伸ばすためにさまざまな工夫がなされるが、許されるのはあくまでも法の範囲内のことである。健康と名をつけただけでも商品の売上げが伸びるというが、宣伝しなければ売れないものが健康的かどうかわからない。

これも健康商法の一種かもしれないが、万病に効くと称してインチキな薬を製造販売していたグループが薬事法違反で検挙された。医薬部外用品のクリームを製造し、水虫、かぜ、頭痛などに効能があると宣伝し、三十七都道府県下で販売し、六千万円の不法利益をあげていた。

検挙されたB社は、肌荒れなどに効くクリームは厚生大臣から承認されていたが、それとは異なる安価なクリームを販売していた。これらの製品の販売にあたっては、打撲、神経痛、水虫など二十七種類の疾病《しっぺい》に効能があるとして、全国にダイレクトメールを配って誇大広告をしていた。

健康的であるかどうか、薬効があるかどうか、どのように確めたらよいだろうか。宣伝をすればするほど売上げが伸びるというから、消費者も宣伝費を負担していることになる。

市議会議員選挙としがらみ

市民にとってもっとも身近な市議会議員選挙は、二月十三日に投票されることになった。一年以上も前から準備をして初議席をめざす新人もいれば、今期限りで議場をさるベテランの議員もいた。

知事選挙で選挙違反に問われたN議員の去就が注目されていたが、不起訴になったために立候補の表明がなされた。うわさにのぼっている立候補予定者は五十人を超えており、どのように選挙戦が展開されるか大いに関心があった。

四十の議席をめざして五十二人が立候補の届け出をし、十日間の舌戦の火ぶたが切って落とされた。立候補の届け出を済ませた候補者は、いっせいに街頭に飛び出していき、選挙用自動車を走らせながら連呼をしたり、真新しいタスキをかけて街の中を歩きながら通行人に握手を求めたりしていた。学校の近くで生きることの大切さを訴えている候補者がいるなど、さまざまな選挙風景が見られた。

選挙に無関心だという選挙民もいたが、運動員や選挙ブローカーともなるとじっとしていられないようだ。これらの人たちは、どの候補者がどのような運動をしているか、どの地区に食い込んでいるか、ということまで知っているからといって、この人たちから選挙違反の情報を得ることはむずかしい。いくら選挙のことを知っているからといって、

顔見知りになった人のところへ出かけていき、選挙について話を聞いた。

「泡沫《ほうまつ》候補が多いから、大勢には変化がないんじゃないですか。市議選ではG党の公認候補が一人もいないため町内推薦の候補を応援しているんですが、選挙事務所にいるのはA代議士派の連中ばかりで反《そ》りがあわないんですよ」

国会議員選挙の時には革新系を応援している人であっても、市議選では地元の保守系という人も少なくない。顔を出さないと他の候補を応援していると見られてしまうため、仕方なく選挙事務所に出入りする者もいるようだ。

選挙違反に結びつくような情報を得ることができず、マイカーを走らせながら聞き込みをつづけ、引退したばかりの前市議のFさんのところへいった。

「長いこと市議会議員をやっており、選挙のことについてはいろいろ知っているが、刑事さんに話すことはできませんね。それよりもK党の議長を誕生させて物笑いになってしまい、あれほど腹が立ったことはないよ。いままでだって議長のポストを金で買おうとした不埒《ふらち》なやつがいたけれど、今回は保守系議員の失言をめぐって議会が混乱し、保守の一部と野党とが結びついたからなんだよ」

前議長の話を聴いてわかったのは、市議会を牛耳っているのが一握りのベテラン議員ということであった。やり手といわれる議員が数人いるが、みんな金を集めるのがうまい人たちであ

り、何となく国会に似ているのではないかと思ってしまった。

その翌日、女性ドライバークラブの役員をしている主婦を訪ねた。

「この町内では、Ｂ党の公認候補が町内の推薦を取りつけて立候補していますが、私はどこの党にも所属しておりません。初めてＢ党の候補が立候補することになった時、町内ではいろいろの意見があり、推薦にこぎつけるまでが容易ではなかったようです。結局、町内から議員を出しておいた方がいいんじゃないかということになり、町内の推薦になったと聞いています。今回も自治会長の名前で署名簿がまわってきましたが、だれがどの候補者を応援しているかわかっているため、その人たちのところには回されていないようです。男性は票集めに飛び回っており、女性には二回の事務所当番が割り当てられていますが、いかないとなると、他の候補を応援しているのではないかと疑われてしまうんです。Ｂ党の公認候補だから推《お》したくないと思っても、どこの議員さんより町内のめんどうをよくみてくれるので人望があるんです」

仕事が忙しければ断ればよいし、考え方が異なっていれば応援しなくてもよいわけだが、それだけで割り切ることはできないらしい。いくら投票の自由が叫ばれていても、いろいろなしがらみに束縛されていては、それを期待することはできそうにない。

保守の強い農村の地区から、めずらしいことにＳ党公認で立候補した労組の幹部がいた。どのような選挙運動を行っているか興味があり、詐欺事件の捜査で知り合った地区の有力者を訪ねた。

「私はいままでに保守系の選挙運動をしてきましたが、今回、初めてＳ党の候補の運動をしたのです。この町内の有権者が少ないため、二十年以上も市議会議員選挙に候補者を出すことができず、いつも草狩り場になっていたのです。今回も出すことができないと思っていたところ、町内に住んでいるS党の幹部から、市議会議員選挙に立候補したいから町内推薦を取りつけてくれませんか、という申し出があったのです。保守系だったらすんなりと決まったかもしれないが、すったもんだのあげく、ようやく町内で推薦することになったわけです。ところが、告示になってからも一本にまとまらず、他の地区で個人演説会を開こうと思っても、S党の候補には貸すことはできない、といわれたりしました。初めから町内の票が足りないことがわかっており、足りない分をS党の組織票でおぎなってもらうつもりでいたのです。ところが、町内で一丸として応援することができず、組織票も当てにすることができず、選挙運動のむずかしさを思い知らされました」

選挙運動にたずさわっている人たちは、だれもが自分の応援している人の当選を願っているが、それぞれにいろいろの問題をかかえていることを知った。

各種の試験にあっては、成績が優秀であれば合格することができるが、選挙にあっては当選に必要な票を獲得しなければならなかった。立派な人格者だから当選できるというものではなく、市議会議員にふさわしくないと思えるような人物であっても、落選させるために投票することはできない。

選挙ブローカーといわれている人のところへいき、話を聴くことにした。

「選挙違反の取り締りをしているところですが、違反になる話を聞いていませんか」

「たとえ聞いていても、刑事さんに話すことはできませんね」
「この町内にはたくさんの票があるから、楽に当選できるんじゃないですか」
「以前、二人の候補を立てたことがありましたが、一人が落ちたためにしこりが残ってしまい、それからは一人に絞るようになったのです。ところが、一本化にすることだってむずかしく、長老といわれている人によって決められたり、くじ引きによって決められたこともあるようです。私も三人の候補者から応援を頼まれていますが、いつも当たり障りのない返事をしているんです。聞くところによると、家族の票を何人かの候補者に割り振って面目を保っている人もいるようです」

話を聴いているうちに、他の候補者に買収されて立候補を取り止めた者がいるとの情報を入手した。そのほか、農地を売って資金を捻出してすでに何千万円も使っているとか、飲食店で飲み食いさせているなど話してくれたが、具体的なものは一つもなかった。

選挙通の人のところへいくと、開口一番、地方紙に載っていた市議会議員選挙の予想の話になった。

「新聞記事の予想は大筋で当たっているんじゃないですか。半数以上が当選確実であり、ボーダーラインにいるのが十数人であり、落選確実が数人となっていますが、前回の選挙と照らし合わせても間違いないようです。政界の浄化を訴えるより、ふだんから有権者に飲み食いさせたり、市役所に交渉して町内の通路や下水道を整備する方が票になるんですよ。顔ぶれだっていつも同じようなものですし、だれが当選しても変わりばえがしないんじゃないですか」

どれほど予想が当たるかわからなかったが、いよいよ投票日となった。投票が締め切られると、市の選挙管理委員会から投票の結果が発表されたが、目標としていた九十パーセントを大きく下回っていた。S党は従来の組織票に加え、保守の地盤の切り崩しをはかったが、農村から立候補した労組の幹部も落選の憂き目をみてしまった。

市議会議員選挙が終了した時、一通の匿名の投書が舞い込んできた。それは当選したK市議が三十万円を脅し取っている、というものであり、内偵してから社長さんを訪れて事情を聴いた。

「あれは、脅し取られたものじゃありませんよ。K議員の控室にいった時、『初市で買ったダルマがあるんだが、お賽銭《さいせん》をあげていってくれないか』といわれ、三十万円をあけてきただけなんです。こんなことで警察にご迷惑をかけるとは思いませんでした」

このように脅し取られた事実を否定していたが、社長さんがほんとうの話をしていたかどうかわからない。どちらかが他の者に話さないかぎり投書されることはなかったが、このような金集めをしている市議がいることを知った。選挙にはたくさんの金がかかるといわれているが、金集めに重きをおくようになると、まともな政治を期待することができなくなる。三十万円の授受は犯罪に問うことはできなかったが、市議とA代議士の後援会の役員の社長さんとの関係はひそかにつづけられていくに違いない。

無料招待旅行商法の落し穴

広告を見て不動産屋に出かけていき、営業マンの説明を聞いただけでも会社の顧客名簿に載せられることがある。どんなにうまい話をされても相手にしなければ被害にあうこともないが、無料だというので友達を誘って温泉旅行に出かけていった。無理やりに高い土地を買わされてしまったという主婦から被害の届け出があり、事情を聴いた。

「私は一度だけA不動産会社にいったことがありましたが、いままでに取引はありませんでした。私の名前や電話番号がひかえてあったらしく、一週間ほど前に会社から、『こちらはいつもごひいきをいただいているA不動産ですが、今度、お得意様に奉仕することにし、無料の温泉旅行を計画したので参加してもらいたいのです。お友達の分も無料としますので、たくさんの人を誘って参加してくれませんか』という電話があったのです。二人の友達を誘って出かけましたが、バスの中のサービスは行き届いており、みんながたのしそうに話し合ったり歌ったりしたのです。宴会が始まる前、大広間で説明会があり、スライドによって北海道の観光地がつぎつぎに紹介され、引き続いて広い山林が映し出されたのです。観光地からどのくらい離れているかわかりませんでしたが、スライドを見たかぎりでは近いようでしたし、みんなが真剣に見ていました。それが済むと宴会となったのですが、この時になってもたのしい時間を過ごすことができたのです」

宴会が終わって各自が部屋に戻ると、車内や旅館でも客の観察をつづけていたらしく、鴨《かも》になりそうな人に無理やりスライドで見せた山林を売りつけてきたという。

そのやり口というのは、二人のセールスが入口近くにおり、「奥さんは、亭主に内緒の金で別荘を買うことができるんですよ。一区画が百万円という格安であり、売りたい時にはいつでも会社が責任を持って売ってあげますよ。登記しなければ亭主にばれることもないし、そうすれば登記料も必要がなく、売る時の手数料が少なくて済むんですよ。銀行の利子なんかたかが知れているし、土地に投資をすれば、少なくとも一年で二割や三割は値上がりするんですよ。五年の契約が原則になっていますが、一年以上持っていただければ、いつでも会社の責任で転売してあげますよ。駅前に立派な事務所を構えている会社なんだから、信用してくださいよ」といわれ、契約書にサインしないと部屋から出ていけないような状態になり、根負けをしてサインしてしまったという。

相手によって話し方や態度が異なっており、相手の心を読み取りながら交渉していたらしかった。時には脅しめいた言葉を使ったり、親切さを売り物にしたり、いろいろの戦術を使って土地を売りつけていたという。

「脅されたようなことはなかったのですか」

「サインする前は、『おれたちは遊びや慈善事業でお客さんを温泉に招待しているんじゃないんだよ。お客さんの方だって、ほんとうにただで旅行ができると思ってやってきたわけじゃないだろう。最低の取引でいいんだから、この契約書に名前を書いて印鑑を押してくれないか』とくり返しいっていましたが、サインするとおとなしくなり、『不動産を商売にしているプロがいっているんだから、もっとわれわれを信用してくださいよ』といったりしていました」

契約書にサインしてから取り消しの申し出をした者もいたが、業者は認めなかったという。白紙委任状に印鑑を押した者もいたというが、このようなことをすれば契約内容まで変更されるおそれがある。たとえ弁護士に相談したところで、よほどのことがないかぎり、契約を解除するのはむずかしい。業者だって顧問弁護士がいるかもしれないし、百戦練磨の詐欺師たちにいい含まれてしまうのは無理からぬことである。彼らは、どうすれば犯罪に問われないか、どのようにいい逃れをしたらよいか、それらの知識や経験を持ち合わせている。

不動産業者にだまされないようにするには、どのようにしたらよいのだろうか。

信頼できる業者に頼むのが一番だが、だれが信用できるかとなると、その選択がむずかしい。無料で旅行に招待するという業者もまゆつばものであるが、誇大広告をする業者にも気をつけなくてはならない。「格安物件あり」とひんぱんに宣伝しているけれど、宣伝しなければ売れないような物件が格安であるかどうか疑わしい。宣伝すればするほど売れるかもしれないが、結局、宣伝費だってお客さんの負担になってしまうのだ。

得てして危険なのは、土曜日とか日曜日に売り出しをして、その日に契約を済まそうとする業者である。官公庁が休みのために不動産屋のいい分を確認できないからであるが、少しでもおかしいと思ったら、家族や友人に相談するか、警察に届け出ることである。

不動産屋が売りに出していた北海道の別荘地を調べたら、観光地からかなり離れた山の中にあった。評価額が三・三平方メートル当たり千円に満たないものであり、道路が通じていないために別荘地として不適であった。ほとんどの人が別荘地として購入していたが、自分で使用するというより五年後の値上がりを期待していたようだ。

警察の手入れを受けた業者は、立派なビルのフロアーを借り受けていた賃貸料を支払うことさえできずに倒産してしまった。事件の概要がわかったが、倒産した業者には弁済能力がまったくなく、被害者はいつまでも役にたたない土地を持ち続けるほかなかった。

巧みな当たり屋

自分の子どもを走行中の自動車にぶっつけ、示談金の名目で金をだまし取っていた夫婦がいた。同じ警察署の管内で実行すればばれるおそれがあったため、全国の各地を転々としながら繰り返していた。一度でもうまくいくと、回を重ねるにしたがってだますのがうまくなり、捕まった時には三十三道府県で六十三件におよんでいた。いつまでも捕まらなかったのは、ほとんどが当たり屋であることに気づかずに処理していたからであった。

犯人のNさんは交通事故にあった時、事故処理に当たった警察官が加害者の知り合いであり、不利な取扱いを受けて警察不信になり、それを恨んでの犯行だと主張しているという。

内妻のH子さんとの間には三歳になる男の子がおり、Nさんの連れ子の十歳になる長男が邪魔者扱いされていた。いくら金に困っていたとはいえ、夫婦が共謀してどうしてこのような残虐な当たり屋を考えついたのだろうか。一度でもうまい汁を吸うことができると、捕まるまでやめることができなくなるのは、常習的な犯罪者に共通しているようだ。

当たり屋の被害にあったというのに、逆に、罰金の刑に処せられただけでなく、運転停止の処分を受けた運転手さんもいた。実況見分をした交通警察官に過失を認め、業務上過失傷害として検察庁に送られてからも過失を認めたため、略式裁判で刑が確定して罰金を支払うはめになってしまった。

実況見分をした警察官に落ち度があったかどうかわからないが、処理が誤っていたことは間違いのないことであった。注意深く観察していれば不自然な言動に気がついたとしても、新たな手口の犯罪に疑問を抱かなかったのかもしれない。それだけでなく、警察署の管内を変えていたり、子どもにもいい含めていたというし、夫婦の供述に矛盾が見られないとなればなおさらである。

わが子を走行中の自動車にぶっつける親なんているはずがない、と考えたことに誤算があったのかもしれない。過去にこのような事例があれば気をつけるかもしれないが、だれもが初めての経験であったから見抜けなかったようだ。交通事故は毎日のようにどこかで発生しており、事故処理をするために交通が一時的にストップさせられることもある。いくら慎重に事故処理をしようと思っても、それにだって限界があった。

仕事に追われてしまうと、被害者と加害者の供述が一致したり、他に矛盾が見られないとなると事務的に処理しがちになってしまう。だが、交通事故にしても、交通違反にしても、一つの犯罪として処理するものであるから、証拠によって事実の真相を明らかにする努力を怠ってはならない。

当たり屋に当てられた運転手さんの中には、すでに公安委員会から免許の運転停止処分を受けたり、罰金を支払ってしまった者もいた。行政処分が取り消されたり、罰金が返還されたから済んだというものではなく、精神的にも経済的に大きな打撃を受けていたに違いない。当たり屋にだまされたのは致し方ないとしても、この問題を他山の石と考えることは大切なことである。

このことが参考になったため、当たり屋かもしれないと思った交通課員が犯罪歴の照会をした。詐欺の前科があることがわかったために捜査二課に連絡があり、その者の身辺捜査をすると無職であり、妻に逃げられて六歳になる長女と二人で暮らしていることがわかった。家賃の支払いをしていないだけでなく、付近の商店にも買い物の代金を支払わず、当たり屋で手に入れた金を酒代に充てている疑いが持たれた。ウソをいって一万円をだましている事実によって逮捕して取り調べたが、長女も当たり屋をさせられていたことを強く否定していた。

逮捕した事実については起訴になったものの、二つの当たり屋の容疑については自供を得ることもできず不起訴になった。「検挙にまさる予防なし」といわれているように、その後は当たり屋という事件の発生が見られなくなったが、すべての当たり屋の被害者が警察に届けているわけではない。

もぐり金融の甘い罠《わな》

サラ金規制法（貸金業の規制に関する法律）があるからといって、サラ金にまつわる悲劇が防げるものではない。サラ金を利用しようとしている人の中には、生活に窮していたり、利息の返済をとどこっている人もいる。白い恐怖といわれている覚せい剤に手を染めたり、サラ金地獄に陥ったりすると容易に抜け出すことができず、そのために苦しんでいる人も少なくないようだ。

事業をやっていたり、ある程度の資産を持っている人なら、それなりに弁済ができるかもしれないが、サラリーマンにあっては給料の中から返済していくしかない。資産や信用もなければ金融機関だって貸してくれず、クレジットやローンで購入した商品を売って金をつくったとしても一時しのぎに過ぎない。

以前だったらテレビやカメラを質に入れて金を借りることができたが、いまは担保の必要がないサラ金を利用することができる。質屋さんを利用している時だったら、質草が担保になっていたから問題が起こらなかったが、サラ金の取り立ては厳しいから深刻にならざるを得ない。

借りた金と利息を返済するのはどこでも同じであるが、それぞれによって条件が異なっているから都合のよいところを選ぶことになる。サラ金では無条件で貸してくれるかもしれないが、それだけより多くの利息を支払うことになる。時には厳しく取り立てられるために姿を消さなければならなかったり、他のサラ金から借りて返済し、一時しのぎをすることもあり得る。

もぐりの金融は出資法違反となるが、この主婦の営業のやり方はでたらめであり、客をだましていたことが明らかになったため、詐欺で逮捕して取り調べた。

「どのようにして、資金を集めて配当をしていたのですか」

「銀行や郵便局に預けるより、私に預けてくれればより高い利息を支払いますよ。私の知人が大きな事業をやっており、国会議員も応援してくれていますし、そこに融資しているから一割の配当をすることができるんです。それだってお客さんのことを考え、前金で払ってあげますよ、といって金を集めていたんです」

「健全な事業をやっていたって、一割のもうけを出すのは容易じゃないのに、どうして一割の利息を前払いすることができるんですか」

「たくさんの金を集めることができれば、たくさんの利息を支払っても営業をつづけていくことができるんです。警察に捕まったから金を集めることができなくなってしまい、お客さんに利息が支払えなくなってしまったんです。みんなに迷惑をかけてしまうから、早く釈放してくれませんか」

主婦はどれほど本気で考えていたかわからないが、金を集めることができれば利息を支払うことができる、と思っているようだ。一年間に一割の利息を支払うことになれば、それ以上のもうけを出さなくてはならないが、そんなにもうかる企業があるだろうか。商品や株でもうけた人だって、もうかる時もあれば損をする時だってあり、ギャンブルにいたっては元本さえ保証されないのである。

百万円を預けると、その場で一割の利息として十万円を受けとることができるという。その十万円を預けると一万円の利息を受け取れるから、百万円の元手で十一万円の利息を受け取ることができることになっていた。もぐりの金融の口車に乗せられて大金をだまし取られた人は、みんなだまし取られた金の中から利息を受け取っていた。

これに似たようなやり口の犯罪は少なくないが、どうして多くの人がこのようなウソにだまされてしまうのだろうか。冷静に考えたらこのようなだましに引っかかることはないと思うのだが、目先の欲がちらつくからだろうか、それとももぐりの業者の話を信じてしまうためだろうか。だまされてから気がつくより、だまされないようにしたいものである。

前科を隠していた経理課長

経理や営業担当者などは毎日のように現金を取り扱ったり、帳簿の記載をしたりしている。いくら手元に大金があるからといって、自分の金と他人の金を混同する者はいないが、一時的に利用することがあるかもしれない。住宅ローンを組んでいたり、カードで買い物をする時、どのような返済計画を立てているだろうか。遊興する場合でも、多くの人は自分の給料や小遣銭の範囲内で行っているが、自分の金でやり繰りができなくなると他人の金に手をつけないともかぎらない。

経理を担当している者は、特殊の技術の持ち主とみられているらしく配置換えになることがいたって少ない。同一のポストに長く勤務していれば、いやが上にもベテランになり、ますます異動を困難にしてしまうようだ。

金もうけを優先させている企業にあっては、脱税をするためにインチキな書類をつくったり、帳簿を二重にして不正を糊塗《こと》したりもする。こんなことをすれば公金の使い込みを容易にし、チェック機能さえ麻痺《まひ》させることになりかねない。

留置人の夕食の時間になったので被疑者の取り調べを打ち切り、部屋に戻った時、会社の金を使い込んだ男が自首してきた。業務上横領の前科があり、証拠隠滅の恐れがあったため、逮捕を前提にして事情を聴くことにした。

「どうして自首する気になったのですか」

「私はA燃料株式会社の経理課長をしていますが、会社の金を競輪や競馬に使い込んでしまい、あすが手形の決済日になっているんですが、落とす目処《めど》が立たなくなってしまったからです。きょうも集金した五十万円を持って競輪場にいきましたが、はずれてしまったために穴埋めすることができなくなってしまったのです。はっきりした金額はわかりませんが、使い込んだのは二年間で三千万円ほどになっています」

この日に集金したのは二か所だけであり、その裏づけをすることになったが、会社に電話したが通ぜず、社長さんは自宅に戻っていない。ほとんどの関係者の所在がわからないため、所在を捜してはあっちこっちと飛び回っての事情聴取となった。会社の帰りに飲食店に立ち寄っていた者がいるなどしたため、すべての人から事情を聴取した時には午後の十時を回っていた。

真夜中の逮捕状の請求となってしまったが、自首調書が添付されていたせいかすんなりと逮捕状が発布された。

翌日から本格的な取り調べが始まったが、A社に勤務するようになったのは、勤めていた会社が倒産したため、職業安定所に求職の申し込みをしておいたという。履歴書にはO大学経済学部卒業、大手会社の経理の経験が二十年と虚偽の記載をし、二つの前科があることは隠されていた。経理の係長としてA社に採用されていたが、二年前に経理課長が交通事故で死亡したために後釜《あとがま》になり、それから使い込みをするようになったことが明らかになった。

ギャンブルに凝るようになったのは、三十八歳の時に友人にすすめられてO競輪にいき、最初に買った車券が大穴に当たったからだという。初めは経理係長としてまじめに勤務していたが、課長になって金が自由に扱えるようになってから使い込みをするようになったという。M競輪場の近くまでいくと避けて通ることができなくなり、穴があくと銀行から借り入れ、もうかった時に入金するなどしていたが、使い込んだ金額はますます大きくなり、どうすることもできなくなってしまったという。

逮捕事実についての取り調べが終了したため、広報官から新聞発表がなされた。翌日の各紙に載せられた時、高校三年生だという長女のことが気になったが、どうすることもできなかった。同じ内容が新聞発表されたというのに、各社の取扱いはまちまちであり、記者や新聞社のこの種の事件に取り組む姿勢もわかった。

逮捕した事実の裏づけが完了したため余罪の捜査をすることになったが、二年間にわたるA社や金融機関や取引会社の関係書類は膨大なものになっていた。それらをまともな部分と使い込んだと思われる書類に分類し、日付順に並べて業務上横領の裏づけをしていった。

Gさんが経理課長になったばかりのころの入出金伝票はきちんと整理されていたが、数か月後にはかなり乱れたものとなっていた。集金した金が一か月後に入金になっていたり、分割して入金しているなど帳簿上からも操作した箇所が随所に見られた。

時には雑談をしたり、ギャンブルにまつわるさまざまな話をしたり、政治や経済の話をするなどしながら取り調べをすすめていった。

「これは一例ですが、S社が発行した領収書を見ると、六月八日に五十万円が支払われているのに入金されていないんですが、これはどのように処理されたのですか」

「この日が土曜日であれば、競輪か競馬で使っていることは間違いないと思います。一週間後か一か月後に入金になっているかもしれません」

「使い込んだ金は、どのように穴埋めをしていたんですか」

「もうかった時には月曜日に入金できましたが、損をした時には別の会社から集金してきたものを入金したこともありました。それができない時には銀行からの借り入れて穴埋めし、帳尻だけは合わせておいたのです」

「帳簿上でも黒字となっており、社長さんにもそのように報告していたようですが、ほんとうに会社はもうかっていたのですか」

「使い込みをしていなければ黒字だったかもしれませんが、銀行から借入れをしたり、書類の操作をして黒字に見せかけていただけです。社長だって専務だって帳簿の見方がよくわからず、私の説明を鵜呑《うの》みにしていただけでした。後になってばれてはまずいので話しておきますが、会社の役員に贈ったお中元やお歳暮だってみんな会社の金を利用していました」

　Gさんの説明があったとはいえ、経理のプロがごまかしていたものを素人が見抜いていくのはかなり困難であった。自首してきた時には三千万円ぐらいといっていたが、書類上で明らかになったのは三千八百五十万円であった。

Gさんは人付き合いがよくて如才がなく、お歳暮やお中元を贈ったたりしていたから役員の信頼も厚かったようだ。Gさんがギャンブルをしていたことを知っていた女子経理係は、小遣い銭を貸しては利息をつけて返してもらっていたため、そのことを口外することができなかったらしい。

社長さんは経営には熱心であったが、このような人物を信頼していたとあっては経営者として失格といえなくもない。だが、世の中には経理の実態を知らない経営者や管理者も少なくなく、それが不正の温床になったりしている。

インチキ賭博《とばく》の地獄

刑法によって賭博は禁止されているが、なぜか競輪やパチンコや宝くじなどは認められている。ギャンブルから足を洗うことができず、身代《しんだい》を失ってしまったり、家庭不和を招いたり、犯罪に走ってしまうケースは決して少なくはない。

ギャンブルをやめられないのは、損をすれば取り戻そうとし、もうかればもっともうけようとするからかもしれないが、大穴を当てた経験者もいる。パチンコや競輪などはともかく、サイコロや花札などを使った賭博になると罪に問われることになり、これは公然と行うことはできない。

暴力団が主催する賭博だって代理人にさせるから、だれがやっているのかわからない。参加したばっかりに、大金を巻き上げられただけでなく、脅されてやめることができなかった著名人もいた。賭博にはインチキがともなうこともあれば脅しがあることもあり、近づかないことが賢明である。

詐欺の手口の中に『さわ師』というのがある。どんなやり口かというと「被害者と共謀して賭博詐欺をするように装い、相手方となる共犯者と通謀《つうぼう》し、賭博名目で金品をだまし取る」というものである。絶対に勝てるという触れ込みであるから、つい、相手の口車に乗せられて大金をだまし取られることになる。

さわ師を手口にしている詐欺師たちは、ギャンブルが好きな金持ちを探すことから始まる。競馬場で声をかけることもあれば、クラブなどのホステスから情報を聞き出すこともあり、商売の話をしたり、世間話などをしながら巧みに接触していく。賭博に興味のあることがわかると、必ず勝てる方法があると持ちかけ、相手が乗り気になった時に鴨《かも》をみつけてくるといって探しにいく。

今度は、鴨を見つけてきたからといってふたたび訪れる。

「金持ちの鴨が見つかったから、一緒に博打《ばくち》をやって巻き上げようじゃないか。二人で組めば負けることはないから、今夜、A旅館にきてくれませんか」

「そんなうまい方法があるんなら、絶対に勝てますね。今夜は必ず出かけていきますよ」

自分が鴨になるとも知らず、客から巻き上げてやろうと考えながら出かけていった。詐欺師は仲間であることをさとられないため、初めは仲間から巻き上げて客を喜ばせていた。打ち合わせがしてあったとおりに勝つことができたため、被害者はすっかり相手を信用してしまった。勝ったり負けたりの勝負がつづき、熱が入ってきた時を見計らって詐欺師たちは被害者からすべてを巻き上げてしまった。

「約束が違うじゃないか。どうしてくれるんだ」

大金を負けてしまった被害者が強く抗議したが、軽くかわされてしまった。

「勝負には運がつきものなんだよ。あすは間違いなく取り返してやるから出かけてきてくれないか」

このように誘われ、翌日も大金をだまし取られるはめになってしまった。

むかしから賭博にはインチキが付き物のようにいわれてきたが、どうして被害者は疑わなかったのだろうか。カードが巧みにすり替えられたり、客だと思っていた人がサクラであったり、鴨を見つけてくるというのもウソであり、さまざまな方法が用いられていたが、被害者は見抜くことができなかった。このようなインチキな賭博のやり方があることを知っていれば、詐欺の被害にかかることはない。

見ず知らずの人に誘われ、どうして大金を賭けるようなことをしてしまうのだろうか。欲が深いためか、勝てると思っていたのかわからないが、プロの詐欺師を負かすことはいたってむずかしい。大金をだまし取られたことがわかっても、法に触れる行為をしていたから警察に届け出ることとだってしにくくなる。詐欺師たちはそのことまで計算に入れており、警察に届け出られないような工作もしていた。

不動産成金のような人が一夜に大金をだまし取られたり、会社の倒産を余儀なくされた社長さんもいた。世の中に絶対に勝てるなどというギャンブルがあるわけがなく、あるとすればインチキなやり方となる。一時は勝って喜ぶことができても、最後に待っているのは悲劇だけであり、どんなに反省したところで、だまし取られてしまった大金を取り戻すことはできない。

詐欺師たちにとっては賭博はおとりであり、だますことができる人を探すことができるかどうかが勝負なのである。どのようにしたら金儲けができるか、そのことをいつも考えているから悪知恵が働くようにもなる。インチキな賭博にはさまざまなやり方があり、だまされないためには禁止されている賭博に近づかないことである。

当たられ屋の手口

交通事故が発生して死傷者が出ても、被害者の一方的な不注意であったり、運転手さんに故意も過失もなければは刑事責任は問われない。交通事故が発生すると交通係によって事故処理がなされるが、双方の主張が食い違うと原因の究明が困難になってくる。当直勤務中に交通事故が多発すると、防犯や警備の幹部も動員されて慣れない事故処理に当たるため、原因の究明に手間どって交通渋滞を来《きた》すこともある。

自転車に乗っていたり、歩行中に自動車に接触する当たり屋は珍しいことではないが、金に困った暴力団員が考えついたのは当たられ屋であった。タクシーの乗客になってあっちこっち走らせ、急ブレーキをかけさせたり、急に方向を転換させるなどの乱暴な運転をさせ、わざと交通事故を引き起こさせていた。

このような事故の場合、当たられ屋と気がつかないと、追突した方が一方的に責任を追及されることが多く、被害者の申し出によって示談をしても不思議ではない。

追突事故を起こした若い運転手さんが、一度は示談に応じたものの、要求額があまりにも大きいため、事故の届け出にやってきた。交通課員がタクシーの運転手さんを立ち会わせて実況見分をすると、タクシーに乗った暴力団員に急ブレーキをかけさせられたための事故とわかり、捜査二課に連絡があった。

当たられ屋の疑いがあったため、若い公務員から事情を聴いた。

「追突してしまったために平謝りに謝ると、『少しばかり首筋が痛むんだけど、警察に届け出て罰金をとられたり、行政処分を受けるより示談にする方がいいんじゃないのかね』といわれ示談にしたのです。ところが、治療費などの名目で百万円を要求され、暴力団員とわかって怖くなり、事故の申告をしたのです」

つぎに、追突されたタクシーの運転手さんから事情を聴いた。

「暴力団員ということを知らずに乗せたのですが、O市内にいく途中、『そこを右に曲がってくれ』とか、『止めてくれ』といわれ、何度も急ブレーキをかけさせられたのです。このような運転をしていた時、公務員の運転する車に追突され、お客さんが首を押さえて痛がったので救急車を呼ぼうとしたのです。ところが、お客さんから大したことはないから頼まなくてもいいよといわれ、追突した人と示談することになったのです」

会社の運転日誌を調べると、この暴力団員を乗せた時に三回も追突される事故にあっていたが、一度も事故の申告をしていない。暴力団員との関係について多くを語ろうとせず、暴力団員に脅されている疑いが出てきたため、再度、事情を聴くことにした。

「あなたは、暴力団員と知らずに乗せたといっているが、一年以上も前から付き合いがあるじゃないですか。二か月の間に同じ人を乗せて三回も追突されていますが、追突する方に不注意があったとしても、追突された方にも何らかの原因があると思うんですが」

「実は、暴力団員ということがわかっていましたが、断ると嫌がらせをされてしまうため、仕方なしに乗せたのです。走り出すと、急に右折するようにいわれたり、急ブレーキをかけさせられたり、大いに迷惑していました。車の損害は加害者に負担してもらっていたし、示談に立ち会ったことはなかったから、どのように解決されていたかわからないんです」

タクシーの運転手さんの供述によって関係者が判明したが、二人とも追突事故を認め、示談の求めに応じて慰謝料などの名目で百万円を支払っていた。暴力団員の詐欺の容疑はますます濃くなってきたが、逮捕状を請求する資料が整っていなかった。むち打ち症といつわっていれば詐欺になるし、脅していれば恐喝になっても、それらを証明するのが困難であった。なおも捜査をつづけて別の恐喝の容疑で逮捕したが、その事件については徹底して否認していたものの、なぜか当たられ屋については あっさりと認めた。

暴力団員や詐欺師などには否認する者が多いが、起訴されることが間違いないとわかると自供したりする。この暴力団員が恐喝事件を否認していたのは、共犯者の名前を出すことができにくい事情があり、当たられ屋は単独犯であったからかもしれない。

詐欺請負人の約束

株式会社には上場されているような大きな企業もあれば、有限会社には家内工業的なものもあるし、まれにはペーパーカンパニーもある。資産が十分にあって業績が好調であっても、人間と同じように病気にかかって倒産を余儀なくされることもある。立派な事務所を構えており、大勢の従業員をかかえているからといっても、それだけでは信用することはできない。信用できる会社と信用できない会社との違いがどこにあるか、そんなことを考えるのも大事なことである。

真夏の昼下がり、出前のそばを食べていた時、埼玉県のA食品会社のセールスが汗をふきながら飛び込んできた。

「有限会社K食品にお菓子を納めて集金にやってきたのですが、事務所は閉鎖されていてだれもいないんです。近所の人に聞いたところ、ひっかかっている人が大勢いるようですよといわれ、どんな会社か調べてもらおうと思ってうかがったのです」

「警察では、どんな会社か調べるわけにいきませんが、だまされたというんなら捜査することはできますよ。どのような取引だったのか、それを説明してくれませんか」

「六月の二十日ごろ、『こちらはM市にあるK食品ですが、おたくのお菓子を試食させてもらったところ、味がよいだけでなく値段も手頃《てごろ》だし、私たちの販売先の観光地向けにぴったりですし、これから取引をさせてもらえないでしょうか』という電話があったのです。どんな会社かわからなかったため、考えさせてもらいますといって電話を切ったのですが、私の留守中に社長が注文に応じてしまったのです。私が納品した時には女子事務員だけしかおらず、受領書に印鑑を押してもらいましたが、だれから注文があったかわかりません。S菓子を納品してから二週間ほどした時、ふたたび『旅館やホテルに納めたところ評判がよく、すぐに売り切れてしまったので三十箱の追加注文をお願いしたいんですが』という電話があったのです。集金かたがた様子を見るためにやってきたのですが、事務所が閉鎖になっているし、ほかにもだまされている会社があるのではないかと思って相談にあがったわけです」

A食品会社から任意提出された受領書は、「有限会社K食品」となっており、取扱い欄にはGの印鑑が押されていた。会社の登記がなされていないため、だれが責任者かわからなかったが、取り込み詐欺の疑いがあったために捜査を開始することにした。

数日すると、こんどは栃木県の漬け物業者のセールスマンから被害の届け出があった。この被害者もA食品と同様な口実で被害にあっており、S駅前のビルの一階にあったK食品の事務所にいったが、部屋の中の様子はまったくわからないという。

近所の人の話によると、事務所には四十歳前後の背の高い男と二十五歳ぐらいの女子事務員がいただけであり、三月の下旬にオープンしたというから営業をしていたのは五か月未満ということになる。

事務所に荷を降ろすのを見かけた人は何人もいたが、そこで販売されていた形跡はまったく見られず、倒産の原因もはっきりしない。大家さんから事務所の貸借状況について尋ねると、テナント募集中の張り札をしておいたところ、Kという人が見えたので契約したが、受け取ったのは敷金と一か月分の家賃だけだという。

Kさんの身元がわかったので身辺捜査をつづけると、家具店を経営していたが倒産に追い込まれ、その後、K食品を始めたことがわかった。Kさんを知る人は異口同音に、口数が少なく、人をだませるようなタイプではない、といっていた。

Gの印鑑を頼りにして電話帳や交番で調べ、ようやく捜し出すことができたため、任意出頭を求めて事情を聴取した。

「だれが注文していたかわかりませんが、商品が入ると社長がどこかに電話していました。すると、若い男が小型のトラックを持ってきて荷物を引き取っていきましたが、どこに運んだかわかりません。社長が注文の電話をかけたのを見たことはありませんし、書類は事務所にあると思いますが、社長の了解がなくては提出することはできません」

女子事務員から事情を聴くことができたものの、肝心の納品書や請求書や出荷伝票などを提出してもらうことはできなかった。ところがその翌日、所在がわからなかったKさんが自ら捜査二課にやってきた。

「警察ではK食品の捜査をしたり、おれを探しているということだが、商取引なのにどうして捜査をするんだね。商売をつづけようと思っていたが、事務所荒らしの被害にあって金庫の大金を盗まれてしまったんだ。すでに捜査一課には被害届を出してあるし、泥棒を捕まえてくれさえすれば事実がはっきりすると思うんだ」

「窃盗事件は捜査一課の担当だが、捜査二課では告訴があったので捜査をしているんですよ。せっかく来てもらったのだから、これから被告訴人として事情を聴きたいんですが」

「商取引だといっているのに、どうして警察ではおれを犯人扱いするんかね。きょうは忙しくて、そんな暇《ひま》はないね」

「それでは、あすの十時ではどうですか」

「あすになってみなければわからないが、とりあえず来ることにしておきますか」

出頭の約束がしてあったけれど、その日は時間になっても姿を見せなかった。翌日も見えないために電話すると、そこに住んでいないことがわかり、ふたたび所在がわからなくなってしまった。

たしかに、金庫から三百万円余の現金が盗まれた届け出がなされていたが、実況見分をした刑事の話によると、事務所荒らしにしては不自然なところがあり、虚偽の申告の疑いがあるという。たとえ窃盗の被害にあったのが事実だとしても、取り込み詐欺の容疑が解消されたわけではなく、捜査をつづけなければならなかった。

K食品で仕入れた商品がバッタ屋に流されているとの情報を耳にし、食品を取り扱っているバッタ屋をしらみつぶしに調べた。買い受けていないという店舗もあったし、担当者が辞めたからわからない、と返事をする経営者もおり、事実を確かめてからでないと認めない店もあるなどさまざまであった。

事務所が閉鎖されたままになっていたから、その後も集金にやってきた人たちが警察に被害の届け出にやってきた。北海道や九州の警察からもK食品についての問い合わせがあり、被害者が広範囲にまたがっていることがわかった。それらの人たちによって、納品先が築地市場の「D倉庫気付」になっていることもわかった。

女子事務員や取引業者などの話から、K食品の商品を運んでいたのがFさんらしいことがわかり、任意出頭を求めて事情を聴いた。

「K食品の社長に頼まれ、あっちこっちのバッタ屋に運んでいましたが、観光地や温泉旅館やホテルなどに運んだことは一度もありません。社長に頼まれて都内のAとWという店と県内のJというバッタ屋に配達していましたが、トラックの持ち込みだったので運賃はもらいましたが、取引内容についてはまったく知らされておりません」

都内のG商店について調べると、ほとんどがK食品の仕入れ値の半値ほどで売られていた。築地市場の「D倉庫気付」について調べると、送られてきた商品の大半が横浜のバッタ屋のRという人が引き取っていた。

さらに捜査をすすめると、バッタ屋のRというのがFという人の長男であり、母親は数年前に協議離婚していた。Fさんには詐欺の前科があり、被疑者写真によってK食品で働いていた従業員であることが明らかになった。

Fさんの所在は不明であり、Kさんと共謀しているものと思われたが、それを裏づける資料がなかった。観光地のホテルや旅館と取引している事実はまったく見られず、取り込み詐欺の容疑が濃厚になったため、K社長の逮捕状を得て全国に指名手配した。一年ほどした時に逃走先の福岡市内で逮捕され、二人の警察官によって護送されてきた。

「逮捕された時に犯罪事実を告げられたと思うけれど、S食品から食料品をだまし取ったことは間違いありませんか」

「前にもいったように、おれがやっていたのは商取引であり、逮捕される理由はないと思うんだ。債権者会議も開かずに逃げたのは申し訳ないと思っているが、泥棒に大金を盗まれたからこんなことになってしまったんだ。警察で泥棒を捕まえてくれれば、おれの濡《ぬ》れぎぬだって晴れると思うんだ」

「濡れぎぬだったかどうか、これから明らかになると思うが、どうしてバッタ屋に安売りしていたんですか」

「安売りしていたなんて初耳だ。商品の仕入れから販売まですべて役員のYさんに任せてしまい、そのことはまったく知らなかったんだ。おれが失業していた時、ある人からYさんを紹介され、私が責任者になってYさんに任せて月に五十万円の報酬を支払っていただけであり、おれは何も知らされていなかったんだよ」

勾留されてからもKさんの否認の態度に変化は見られず、すべてをYさんになすりつけていた。Yさんが共謀していた事実が明らかになったため、逮捕状を得て追跡捜査をし、ついに所在を突き止めて逮捕することができた。

「Kさんを逮捕して取り調べをしているんだけれど、共謀して食料品などをだましていたことは間違いありませんか」

「私は有限会社K食品の社長に頼まれて営業をすることになり、月に五十万円の報酬を得て商品を注文していただけなんです」

「どんな仕事をしていたか、具体的に話してくれませんか」

「私は旅が好きなものだから、全国のいたるところに出かけていき、駅やスーパーやデパートなどで食品を購入し、包装や味加減や電話番号などを大学ノートに書き留めておいたのです。それを利用し、『こちらはM市にあるK食品ですが、おたくと取引させてもらおうと思って電話を差し上げているところです。県内の観光地や旅館やホテルなどに卸しており、おたくの商品がお土産にぴったりするような気がするのです。先日、A駅の売店で賞味させてもらいましたが、これだったらお年寄りだけでなく若者に喜ばれるのは間違いないと思います。私どもは原則として現金で仕入れて現金で販売しており、毎月、二十五日の締切りで翌月の五日の支払いとさせてもらっています。できましたら、一週間以内にS商品を三十箱ほど納めてもらえないでしょうか』というような電話をするわけです」

「K食品が仕入れた商品が、横浜にいるYさんの長男に安く売られていますが、これでも商取引だといい張るつもりですか」

「そこまで調べられたんじゃ、ほんとうの話をすることにしますが、捕まった時にしゃべらない約束がしてあったのです。戦後、大きな材木商をしていたが、父親がだまされて倒産してしまい、私は食品会社のセールスとして仕事を覚え、独立して会社を始めるようになったのです。交通事故にあって入院している時、従業員に大金を使い込まれてしまい、借財を返済するために危ない橋を渡るようになったのです。ついに刑務所に入れられてしまい、そこで経済や政治の勉強などをしましたが、どうしてもまじめに生活することができず、このようなことをくり返えすことになってしまったわけです」

Yさんが全面的に自供したため、他の二人が取り込み詐欺に関係していたことが明らかになった。そのため、処分保留になってN食品のNさんも共犯者としてN署に再逮捕されたし、Yさんの指導を受けてTさんもついに逮捕されるなど、Yさんが指南役になっていた商社は四社にものぼっており、被害の総額が七億円以上にのぼっていたことが明らかになった。

債権の回収をはかっているうちに仲間に引きずり込まれてしまい、共犯者として逮捕された会社の社長さんもいた。詐欺の請負人がいるなんて考えられなかったし、金庫の大金が盗まれたとの届け出も筋書きになっているなど、被疑者や被害者が複雑にからみあっていたが、すべて被疑者が起訴されたために公判廷で明らかにされることになった。

待ち伏せ殺人の首謀者は?

縄張りは、社会のいたるところに見られる現象であるが、利害関係が生じないとトラブルになることは少ない。話し合いによって解決することもあれば、殺傷事件になることもあり、暴力団の対立抗争ともなると報復が報復を呼ぶということになりかねない。

A町のアパートに住む大学生から、アパートの前で血を流して倒れている人がいます、との一一〇番があった。警ら中のパトカーが現場に到着した時にはすでに死亡しており、殺人事件として全署員が非常召集され、各所で検問が行われた。

殺されたのは、このアパートに住む二十一歳のMさんであったが、原因はまったくわからない。午前二時五分ごろ、自動車で帰宅して部屋に入ろうとした時、待ち伏せしていた二人組に後ろから刃物で刺されたらしかった。ポケットに入っていた現金は奪われておらず、関係者からの聞き込みによって、暴力団の縄張り争いが原因と見られた。

Mさんの遺体が解剖に付され、十数か所の刺し傷はすべて背後から刺され、動脈に達していたものが致命傷になったらしかった。

Mさんは友人から借りた乗用車で帰宅しており、アパート西側の道路でタイヤのきしむ音を聞き、Uターンしているのを大学生が目撃していた。自動車のドアを閉める音がしてしばらくしてから、もみ合う声が聞こえたので駐車場の方を見た時、二人が西の方に走っていくのが見えたという。

警察犬によって逃走した犯人の追跡が開始されたが、自動車の通行が多い国道に出ると追跡をあきらめてしまった。現場の周辺から二種類の十数個の足跡を採取することができたが、凶器などは発見することができない。

被害者はリース会社の集金を担当しており、最近、ゲーム機のリースをめぐって金銭トラブルが起きており、ゲーム機リース業界の背後に暴力団の介在がうわさされていた。

これまでの捜査によってわかったのは、ゲーム喫茶は十日がオープン予定になっており、喫茶店の共同経営者と打ち合わせをし、その晩は遅くまで酒を飲み、十一日の午前零時ごろ、交際している女性に電話していた。その後スナックに立ち寄り、午前一時ごろふたたび女性に電話し、これからアパートに帰る旨を伝えていた。女性がアパートに訪ねてきたのが午前二時十分ごろであったが、この時にはすでに殺されており、犯人はかなり前から張り込んでいたことが予想された。

被害者の交友関係が広かったから、だれかに恨みを抱《いだ》かれていたことも考えられたが、犯行の動機として考えられたのは、近くオープンする予定の喫茶店の運営をめぐるトラブルが有力であった。被害者は開店するためにリース会社を辞めており、使用していた外車を処分して資金をつくっていたこともわかった。

一方、競馬ゲームなどのギャンブル遊戯機の販売をめぐるトラブルもあり、多方面にわたって捜査せざるを得なくなった。この業界に明るい人の話によると、集金に際しては領収書を切らないのが常識のようになっており、これがトラブルの原因になることもあるという。

暴力団がかかわっている疑いが濃厚になってきたため、M組を集中的に捜査することになった。翌日、「うちの若者がやったらしい」との電話があり、一時間ほどした時に二人の若者が幹部に連れられて出頭してきた。身代わりということも考えられたため、慎重に取り調べをしたが、二人の供述が現場の状況と合致したために通常逮捕した。

取り調べの結果、リースの経営のトラブルが原因になっており、話し合いで解決しようとして帰りを待っていたが、逃げ出したために追いかけて刺したというが、これは目撃者の話と食い違っていた。

逮捕した一人の男は、事件発生当初から捜査線上にのぼっていたが、もう一人は暴力団の名簿には載っていなかった。細部にわたると二人の供述に食い違いが見られるようになり、何かを隠している疑いが強まってきた。

「あなた方がほんとうのことをいっているとしたら、二人の供述に食い違いがないと思うんだが。ごみ箱に捨てたという凶器のナイフも見当たらないんだが」

「たとえ食い違っていても、おれはほんとうのことをしゃべっているんだよ」

「生意気だからやったというが、あなたは被害者のMさんに会ったことはないんじゃないのかね。トラブルがあってから一か月以上もたっているのに、まだ、恨みを抱いているんですか」

いろいろと追及すると返答に困ってしまったが、自分の判断で刺したという供述を変えようとしない。自分のことはしゃべっても、他人のことをしゃべろうとせず、どのように追及しても供述を変えようとしない。あっちこっち捜索しても凶器はいまだ発見されず、犯人は別にいるかもしれないと思えてきた。

M組の幹部が関与している疑いが濃厚になったため、M組について徹底的に捜査をつづけると、二人が逮捕されてから十九日目に幹部のGさんが出頭してきた。二人にいいつけて殺させたことを自供したため、殺人の容疑で逮捕したが、三人の供述にはあいまいな部分が少なくなかった。

殺人の動機が、ゲーム機の販売やリースをめぐるトラブルであることは、三人の供述によって明らかになってきた。暴力団が警備料を要求したが被害者に拒否されており、被害者が勤めていたゲーム機リース会社は、暴力団がからんだ賭博事件で摘発されていたこともわかってきた。殺害状況からして二人の犯行に間違いなく、川の中から凶器のナイフを発見することができたため、二人とも殺人の罪で起訴された。

幹部のGさんの取り調べがつづいたが、Gさんの供述にあいまいな部分が少なくなく、すべてを自供しているとは思えなかった。あくまでも一人の判断でやったと供述していたため、親分との関係について追及することにした。

「どうしてもGさんが一人で判断したとは思えないんだが」

「警察では親分を捕まえたいのかもしれないが、今度の事件はおれがやらせたんだよ」

「関係がないといっても、親分が『あの連中は生意気だ』といったたげで殺人事件になるケースもあるじゃないか。ほんとうに親分は何もいわなかったんですか」

「何もいっていないよ。たとえいったとしても、いえるわけがないじゃないか」

暴力団員ともなると他人の罪をかぶってしまう者もいるため、それ以上の追及が困難な状況になってきた。再勾留ののちGさんも殺人の罪で起訴されたが、どうしても親分との関係を明らかにすることができなかった。

選挙違反になった後援会活動

農　山村にいくと、だれがだれの後援会に入っているか、選挙の時にだれを応援しているかわかるという。後援会員が多ければ選挙に有利であることは確かだとしても、組織をつくる時も、維持していくためにも金が必要になってくる。現職が引退すると二世や秘書が立候補するケースが多く見られるが、金や人の力でつくりあげてきた組織を大事にしたい気持ちがあるからかもしれない。

選挙が活発になってくると匿名の電話や投書が多くなるが、その中には中傷と思えるものが少なくない。どのようなものであっても、選挙違反の疑いがあれば内偵せざるを得なくなるが、対立候補を陥れようとするのもある。

「K町の自治会長に現金が渡されている」とか、「A候補がB地区の有権者に飲み食いをさせている」とか、「F町の婦人会員にエプロンが配られている」という情報が入ってきたが、選挙妨害のそしりを招かないために慎重に内偵がすすめられた。

選挙違反の聞き込みに飛び回っていた刑事から、二か月ほど前、T公民館で婦人会員が飲み食いをしているが、責任者がK候補の選挙運動員であり、五百円の会費を徴収し、二千円程度のもてなしをしていたらしい、との報告があった。T公民館に当たれば漏れるおそれがあったが、慎重に捜査をすすめて事実を確認することができた。投票日に責任者と二人の婦人会の役員の逮捕状を請求し、翌日、数十人の婦人会員を任意で取り調べることにした。

若い責任者のNさんは、来年の市議会議員選挙に立候補がうわさされていた人物であった。会社に採用されて後援会活動に専従しており、公民館での会合も後援会活動だと主張し、違反の事実を認めようとしない。二人の婦人会の役員も後援会活動と主張していたが、五百円の会費で二千円以上の酒食の供応を認めたため、三人を逮捕して取り調べをつづけた。取り調べをしてわかったのは、後援会の組織づくりのために湯水のように金が使われていたことだった。

後援会の集まりがあるから、みんなを誘って集まってください、との触れを回していたから疑いを抱く者はおらず、会場にいくと、金をとらないと選挙違反になるから五百円だけ出してもらえませんか、といわれて抵抗なく出していた。

どこでどのように間違えたのかわからないが、後援会員になっていない婦人会員にも伝えられたため、選挙違反の疑いが抱かれることになった。

公民館に集まった有権者は会費の何倍ものごちそうに与《あずか》り、帰りにはお土産まで渡されたため、みんなが選挙違反で取り調べられるはめになってしまった。選挙違反で逮捕された後援会の役員は、後援会の会合なのにどうして逮捕するんですか、と抗議してきたが、後援会活動と選挙運動の区別がはっきりできなかったようだ。

責任者のNさんも、私は会社に採用されており、立候補することになっていた社長の運動をしていただけであり、違反にならないように金をとって宴会をしただけなんだよ、と反発してきた。

「あなたは会社に勤めていたといっても、決まったポストはなく、選挙運動に専従していたではないですか」

「公職選挙法はよくわからないが、後援会としてやってきたんだから、選挙違反にはならないと思うんだ」

「どのような名目になっていても、選挙運動の報酬として金銭の授受がなされたり、飲食をしていれば違反になるんですよ」

候補者のために運動をしているといっても、市議選の準備と思える行動が随所に見られていた。衆議院議員の選挙と市議会議員選挙を区別することができにくかったが、いずれにしても選挙違反になることは間違いなかった。

逮捕したのは若い運動員と婦人会の二人の役員だけであったが、数十人の婦人会員も取り調べなければならなかった。ひな形ができているとはいえ、捜査係以外の応援を得たから取り調べはスムーズにはいかなかった。一人の婦人会員は、「私たちは何も知らずに参加したのに、どうして犯人扱いするんですか。こんなことになってしまっては、これからどうしたらよいかわからなくなってしまった」と抗議していた。

地区内の婦人会員のほとんどが警察に呼び出され、任意の取り調べを受けたため、いろいろの憶測が飛びかうようになった。ある婦人会員が、「投書したのはAさんに間違いないよ。旦《だん》那《な》さんがS党の党員だし、後援会にも入っていないし、飲み食いした時だって中座したじゃないか」という発言が引き金になり、うわさが集落に広がってしまった。

この話を耳にしたAさんが捜査二課に見え、「どうして私だけ取り調べをしなかったんですか。投書したというわさが広まっていますが、その投書を見せていただけませんか」と抗議めいたことをいってきた。

投書があったわけではなかったが、これを否定したところで信用されるというものではない。中座していたために参考人として事情聴取となったが、みんなと一緒に事情を聴取していればまだしも、いまになってはどうすることもできない。村八分のようにされているということだが、法務局に人権侵害として訴えることはできても、そんなことをすればより集落の人との関係がこじれてしまいかねない。さまざまなアドバイスをしてAさんの判断にまかせることにしたが、選挙の後遺症がいつまでつづくのだろうか。

ニセ文書で車を転売

知能犯捜査をしながら詐欺師たちに接しているうちに、さまざまなことを知ることができた。コピー機の性能がよくなったために本物に似せた文書がつくれるようになり、これが悪用されるようにもなった。さまざまな文書を合成してコピーし、印鑑を偽造すればどんな文書だって作成が可能になることもわかった。

市内のN自動車販売会社の社長さんから、私のところに所有権があるのに勝手に第三者に移転登録されてしまった、との相談があった。この自動車は、G町のS自動車修理業者に百八十万円で割賦販売されており、頭金と初回の代金だけしか支払われておらず、代金が完済されるまでは所有権の移転登録ができないことになっていた。S自動車修理業者は閉鎖されており、経営者の所在が不明であり、どうして移転登録がなされた不明だという。

N自動車販売会社に正規の書類が保管されている以上、不正の登録がなされている公算が強くなってきた。『捜査関係事項照会書』によって陸運事務所に当該車両の登録関係のコピーを取り寄せ、県警本部の鑑識課で鑑定したところ、すべての印鑑が偽造されいてることがはっきりした。

公文書偽造、私文書偽造の疑いで捜査すると、サラ金から多額の借り入れをしているだけでなく、あっちこっちの業者から割賦で自動車を購入し、転売している疑いが濃厚になってきた。だまし取ったと思われる車両は二十三台にのぼっていたが、一台だけT県の人の登録になっており、その他はすべて九州の人の所有になっていた。詐欺と公文書と私文書偽造の容疑が明らかになり、逮捕状を得て指名手配をして行方を追って逮捕することができた。

取り調べによって明らかになったのは、どんな印鑑でもつくってくれる印章店があることを知り、自動車をだまし取ることを考えついたという。移転登録に必要な印鑑を作成してもらい、正規のように文書を偽造し、N自動車販売からだまし取った新車の移転登録をし、九州の業者に販売していたことがわかった。

「印章店をだれに紹介されたんですか」

「知人の名前を出すことはできませんが、『L印章店の主人の精神状態がおかしいから、どんな印鑑をつくってもらっても疑われることはないよ』といわれたのです。所有権移転登録に必要な書類がないと売れないため、偽造したゴム印や印鑑を利用して書類を偽造してきたのです」

被疑者の自宅や事務所を捜索して多数の証拠資料を押収し、さらに被疑者を追及した。

取引銀行から融資を受けられなくなり、サラ金から借りるようになると返済期日に強引に返済を迫られ、別のサラ金から借りて返済していたが、二進《にっち》も三進《さっち》もいかなくなって文書を偽造するようになったという。

　割賦で購入した自動車の移転登録に必要な文書を偽造し、九州の業者が引き取りにやってくるまで自動車金融に預けていたことも自供した。

　市内のL印章店から事情を聴いたが、公文書や私文書の偽造に使われていた印鑑をつくっていたことは認めたものの、事情を知っていたかどうかはっきりしない。高い印鑑代を請求しているわけではなく、精神に異常をきたしているかどうかだってはっきりしなかった。

　S自動車修理から押収した書類の中に、他人の印鑑や保険契約書などがたくさんあり、これらについても追及した。すると、資金繰りが苦しくなってきたため、修理費の前払いをしてもらったり、預かった保険料を使い込んだりしてしまい、顔見知りの保険会社のセールスに泣きついて自動車損害賠償責任証明書だけつくってもらっていたという。

　保険会社のセールスも事実を認めたため、私文書偽造同行使の容疑で書類送検したが、事故を起こした時どのようになるか、それは考えなかったのだろうか。

　九州の業者に売られた二十数台の自動車は第三者の手に渡っており、その裏づけをとるために出張した。関係者は多数にのぼっており、それぞれから事情を聴取しては供述調書を作成し、一か月余におよんだ捜査を終了することができた。

ニセ弁護士にだまされた女

留置場にはさまざまな被疑者が収容されており、窃盗と暴力団員とが一緒の房に入れられることもある。数日で釈放となったり、一か月以上の滞在を余儀なくされる者もいるが、房内で私語は禁じられていても、退屈をまぎらすために雑談をする者が多く、出てから犯罪に利用されることもある。

捜査二課の勤務が長くなり、部屋に入ってきた時の動作でどんな用件か見当がつくようになった。三十歳ぐらいの女性が入ってきた時、水商売に関係のある人のように思えたが、話しにくいらしくだまっていた。どんな用件か尋ねると、イレズミをした暴力団員が住みついており、追い出してもらいたいという。

「どうしてあなたの家に住みつくようになったのですか」

「しゃべりにくいことなんですが、こうなってしまっては包むことなく話すことにいたします。夫が逮捕された時、何度もここの警察署に面会にきましたが、拘置所に移ってからは一度もいっておりません。夫のことが気になっていた時、『おれは弁護士だが、A君に頼まれて弁護を引き受けることになり、訴訟のことで話し合いたいと思ってやってきたんだよ。何とかして執行猶予にしてやるから訴訟費用を出してくれないか』といったのです」

「ほんとうに弁護士さんと思ってしまったのですか」

「法律用語を使っていたし、夫のことをよく知っており、弁護士さんと思ったものだからいろいろと相談したのです。すると、『これから拘置所にいって面会してくるから、五万円ほど必要だから出してくれないか』といわれ、手元にあった五万円を手渡したのです。夕方に戻ってくると、夫のことをいろいろと話してくれたので酒や夕食を出したのですが、いつになっても帰ろうとしないために泊めてしまったのです」

「あなたの方から、泊まるようにいったのですか」

「私の口からそんなことはいえませんよ。『終電車に乗れなくなってしまったら泊めてくれないか』といわれ、弁護士さんだから変なことはしないだろうと思ったから泊めたのです。眠ると私のふとんにもぐり込んできたため、何をするんですかというと、『男がいなくてさみしいんじゃないのかね』といいながらパジャマを脱がされてしまったのてす。弁護士さんの機嫌を損ねたくなかったたし、抵抗しても無駄と思ったものですから、なすがままに任せてしまったのです」

「暴力団員とわかったのはいつごろでしたか」

「ゆうべのことがあったので少しは疑いましたが、翌日も朝食を済ませると、『これから刑務所にいって旦那《だんな》さんに面会してくるよ』といって出かけていったのです。夕方には戻ってきて、夕食をしながら裁判のことについて話し合ったのですが、いつになっても帰ろうとしないんです。一緒にふとんに入った時に腕の入れ墨が見えたため、あなたはほんとうの弁護士さんですか、と尋ねると、『あんたはよほど抜けているな。このおれが弁護士に見えるかよ』と笑われてしまったのです」

「暴力団員とわかったのに、泊めたんですか」

「翌朝、もうこないでくださね、と強く断ったところ、『おれにはいくところがねえんだよ。しばらくここに泊めてくれないか。それとも亭主に話してもいいのかね』といわれたのですが、今夜もやってくると思うと気が気でなく相談にあがったわけです」

「金を出したいきさつについてくわしく話してくれませんか」

「一回目の時は、ほんとうの弁護士さんと思ったから訴訟費用として五万円を出しましたが、暴力団員とわかってからは、『小遣い銭が足りないんだけど少しばかり都合してくれないか』といわれて一万円を渡しただけです」

「ふとんの中に入ってきた時、乱暴はされなかったのですか」

「家が狭いものだからふとんを並べて敷いたため、いつ、ふとんにもぐり込んできたのかわからなかったのです。気がついた時にはパジャマを脱がされてしまい、騒ぐこともできない状態でした」

「その時、抵抗はしたのですか」

「弁護士さんだと思っていたし、少しでも夫の助けになればという気持ちもあったから、とくに抵抗はしなかったのです」

弁護士といつわって五万円をだまし取っていたから、詐欺になることは間違いなかったが、どのように説得しても被害の届けをしようとしない。いずれにしても暴力団員を追い出さなければならず、顔見知りの刑事が出かけていって話をすると、平身低頭しながら出ていったという。

情報化社会の詐欺師たち

情報化社会といわれているように、いろいろの情報が巷《ちまた》に氾濫《はんらん》している。新聞もテレビもラジオもコマーシャルを流しつづけており、新聞の折り込み広告もあればダイレクトメールもある。居ながらにして各種の情報を手にすることができるし、現金がなくてもローンやクレジットで購入することもできる。便利になることはよいことであるが、それをねらっている悪質な業者もおり、だまされる人が後を絶つことがない。

一流の企業の宣伝に疑いをはさむ人は少ないが、これとて絶対に信用できるというものではなく、時には欠陥商品が売り出されたりもする。詐欺まがいの企業主ともなると、信用を得ようとしてさまざまな方法を用い、堅実な企業を装ったりもする。

うまい話には落し穴があるといわれているが、誇大広告やおとり広告に飛びつくのも危険なことである。慈善事業家ならいざ知らず、もうけることをモットーにしている企業が損失を度外視して営業をつづけるはずがない。だましのプロともなると、素人をだますのは赤ん坊の手をひねるようにたやすいことであり、かしこい消費者だって太刀打ちするのはむずかしい。

詐欺師といわれる人たちの中には、おれたちは法に触れるような悪いことはしていないんだ、と豪語している者がいる。法に触れていなければ検挙することができないが、悪質な行為をつづけていればいつかはボロを出すことにもなる。

詐欺師たちには、ウソを真実と思わせるような特殊の技術があり、時には千両役者のようにふるまったりする。喜怒哀楽を巧みに表現し、サクラやおとりを用いたりするからウソを見破ることができにくい。前科が多いほど悪者であると考えがちであるが、ほんとうの詐欺師は捕まるようなへまをしないものである。

百万円の札束が五万円で取引されているといえば、そんなことがあるはずがないと思うに違いない。百万円の札束といっても、表と裏に本物の一万円札が使われているだけであり、なかがアンコになっているが、元銀行員がつくったりするから本物そっくりにできるという。

ニセの札束を抱えた仲間が商取引を装ってやってきて、これは先日の代金ですから領収書を書いてくれませんかといって来客を信用させる。敵に渡せばニセ札がばれてしまうかもしれないが、見せ金にするだけだからめったにばれることはない。

世の中にはたくさんの文書が出回っているが、いちいち偽造された文書かどうか調べることはできない。複写機の精度がよくなったり、技術が向上しているからインチキな合成書類を作成することも可能である。どんな印鑑でもつくってくれる印章屋がいたりするから、どんな文書の作成も可能になってくる。

日本の社会にあっては、サインよりも印鑑を重視する傾向にあり、三文判であっても大切な契約が成立したりもする。印鑑が盗まれることもあれば盗用されることもあるというのに、どうしてサインはだめなんだろうか。

罠《わな》にはいろいろな種類があり、仕掛けにもたくさんの方法があるが、ほとんどが金もうけに利用されている。老人に向けられたものや子ども向けのものもあり、ターゲットが絞られているから宣伝もうまくなる。スポーツや娯楽にいたるまであらゆる分野にまたがっており、人気のある人物を登場させたりもする。

うまい話に罠があると考えればだまされることもないが、被害の回収をはかって相手の罠にはまり、ますます傷口を広げてしまうケースだってある。金もうけの話を持ちかけてくる人は、他人にもうけさせようとしているのではなく、ほとんどが自分でもうけようとしている人たちである。

職業別電話帳にはさまざまな業種が並んでおり、中には大企業を思わせるような社名もあれば、語呂合わせのよい電話番号が使用されていたりする。社名は自分でつけることができても、電話番号は自分で選択することができないと思っていたが、これにもからくりのあることがわかった。

捜査のためにA社を訪れた時、応接間に告訴事件で取り調べをしたことのある社長さんが見えていた。社長さんの電話が長かったものだから雑談をしたが、新しい会社をつくるため、新しい電話番号を取ってもらうためにやってきたのだという。

電話を終えた社長さんが応接間にやってきて、いま、電電公社に頼んだが、語呂合わせのよい電話番号はここにある五つしかないというんだが、この中から選んでくれないか、といった。一か月待てば別の番号が手に入るといっていたから、これは定期的に行われているらしかった。

詐欺師と思われるような社長さんが、どうして電電公社にこのようなことが依頼できるのだろうか。金品のやり取りがあるとすれば犯罪になりかねないが、署に戻って職業別電話帳を調べると、A社の社長さんの紹介によって取得したと思われる電話番号がいくつも見つかった。その中には詐欺の被疑者や参考人として事情を聞いた者もおり、いずれも大企業を思わせるような社名を用いていた。

汚職の土壌

公共工事にまつわる贈収賄はさまざまであるが、これはある二つの村での出来事である。

新幹線の工事が始まる前は村に金が落ちるのではないかと思われていたが、地元の業者が恩恵に与《あずか》ることはなかった。工事車両などによる被害が目立つようになると、村の有力な三人の議員がひそかに相談し、大手の建設業者に一台の消防自動車の寄付を申し出たが、あっさりと拒否されてしまった。こんな時、工事現場から水が湧き出して付近の集落の井戸水が枯れるという事態が発生したため、村では渇水対策に乗り出した。

鉄道建設公団が九億円近くを負担することになったため、村に「渇水対策委員会」が設置されて七人の村議が委員となった。中央や県内の業者の受注合戦が始まると、資材検査という名目で村の職員や村議が業者に招待されて温泉旅行がなされた。貯水池をつくるための土地が異常に高く買い上げられているなど、さまざまな情報が耳に入ってきたために内偵することになった。橋梁《きょうりょう》や工場などの視察には予算措置が構ぜられていなかったため、すべてを業者が負担していたらしかった。

村議がワイロを受け取っているらしい、との匿名の投書が舞い込んできたのは、内偵を始めて間もなくであった。本格的に捜査に乗り出したが、警察官というだけで拒否反応を示すような土地柄であり、聞き込みも容易ではなかった。実力のある三人の村議によって議会が牛耳られているらしかったが、具体的な話をしてくれる人はいなかった。

三人の村議について重点的に内偵をつづけると、A村議の預金口座に百万円が振り込まれているらしい、という話を聞き込んだ。地元の金融機関について調べをすると、A村議の普通預金口座にM水道設計から百万円が振り込まれており、A村議が渇水対策委員会の委員長であることもわかった。職務権限の有無や贈収賄の事実を明かにするため、A村議とM水道設計の責任者の任意出頭を求めて事情を聴取した。

十年ほど前に同村で簡易水道が設置されて以来、M水道設計は水道事業を一手に引き受けており、村議の旅行の費用の一部を負担するなどの癒着《ゆちゃく》がつづいていた。ワイロとなった百万円もこの延長みたいなものであり、M水道設計では受注の謝礼であることを認めたため、否認していたA村議も認めるようになった。

渇水対策委員長のA村議が個人として受け取ったものか、委員会として受け取ったものかはっきりしないため、その点を追及した。すると、F村議とG村議と相談して受け取ったが、うわさになったために三人で相談して返していたことを自供した。

二人の村議の任意出頭を求めて取り調べた結果、それぞれの供述が一致して贈収賄の事実が明らかになり、逮捕状を請求して贈収賄の容疑で四人を逮捕した。その日に村役場やM水道設計の事務所や被疑者の自宅の捜索をし、多数の証拠資料を押収して事件の裏づけをしていくことにした。

事件が新聞で大きく報道されると、村民からうわさはほんとうだったのだ、という声が聞かれたが、大きな騒ぎにはならなかった。何かをしてやったんだから、報酬は当然だ、という考えが根底にあったからかもしれない。

S村の政治的風土は保守的であり、二つの村が合併しているところから、一方から村長が出ると他方から助役が出るという不文律があった。この三人の村議はいずれも四期目となっており、議会を牛耳るほどの実力者になっていたから、村長さんも一目おく存在になっていた。議会の応援がなければ村長になることがむずかしいとあっては、これも致し方のないことかもしれない。

特別委員会は七人の村議で構成されていたが、A村議の発言に反対する村議は皆無にひとしいようだった。委員長はふだんから、こんな大きな事業をさせてやるんだからバックがあったっていいんじゃないか、といっていたという。

一方、業者の中には、A村議に反対されたら村の工事は何もできなくなってしまう、となげく者もいたから百万円を贈ることは常識みたいな感覚になっていたのかもしれない。

押収した資料によって明らかになってきたのは、A村議が二つの建設会社からもワイロを受け取っていたことだった。新たに逮捕となったのはK建設の相談役の元村議のHさんと、下請けになっていたF測量会社の営業部長のSさんの二人であった。重要参考人としてS村出身のA建設の社長さんから事情を聴くことになると、病気を理由に入院してしまった。S村の公共事業の大半をA建設が請け負っており、ドル箱みたいな存在になっていたからいくつもの疑念がもたれていた。

K建設の相談役のHさんは、金銭の授受は認めたものの、陣中見舞いであると主張しており、毎日のように取り調べがつづいた。村議選挙の陣中見舞いは多くても五万円ぐらいであり、ワイロの疑いがますます濃厚になってきた。

取り調べは難航していたが、世間話などをしているうちにゴルフの腕前がかなりのものであることがわかってきた。いくつかのゴルフに関する本を買い求めて読んでみたものの、プレイの経験がなかったから付焼刃《つけやきば》のようなものであった。それでも、取り調べをしながらゴルフの話をすることができるようになった。

否認をしたり黙秘していたHさんであったが、ゴルフの話になると人が変わったように饒舌《じょうぜつ》になってきた。取り調べでは主導権を握ることができたものの、ゴルフの話になると聞き役に回らなければならず、どうしても否認の壁を破ることができない。

多くのスポーツが審判によってジャッジされているが、ゴルフにあってはプレーヤー自らが判定を下す良心的なスポーツといわれており、そのことにヒントを得て取り調べをした。

「Hさんは、どのくらいのゴルフ歴があるんですか」

「やがて十年になりますが、うまくなれないものですね」

「いままでゴルフに関心がなかったけれど、Hさんの話を聞いているうちに興味を持つようになりました。いま、ゴルフの本を読んでいるところですが、どのようにして勝ち負けを決めるのかよくわからないんですが」

「ほとんどのゴルフ場が七十二ホールになっており、もっとも少ないストロークで回ったプレイヤーが勝つというゲームなんです」

「一般のスポーツだと審判員がいますが、だれの打数がもっとも少ないか、だれがどのようにして決めるんですか」

「それは、プレーヤー自身が決めることとなんです」

「それでは、ごまかす人がいるんじゃないですか」

「ごまかすような人は、プレーヤーにはなれないんです。そのためにゴルフが良心的なスポーツといわれているんです」

「Hさんが犯罪を犯しているかどうかわかりませんが、贈賄の疑いで逮捕されていることは間違いのないことなんです。犯罪というのは過去の出来事であって、どんなに消し去ろうとしても消すことができず、証拠隠滅を図ったところでその事実が残ってしまうんです。犯罪の捜査というのは、どれが真実であるかを明らかにしていく作業であり、そのために取り調べをしているわけです。Hさんの供述にはいくつかの矛盾がありますが、どれがほんとうなのかいまだはっきりしないんです」

「ウソをいっているつもりはありませんが」

「お歳暮であるのか、ワイロであるのか、Hさんにはよくわかっていることじゃないですか。どのように弁解しようとも、ウソが真実になるというものではなく、だれも真実を変えることができないんです。ゴルフが良心的なスポーツといわれているとすれば、ゴルファーも正直であってほしいものですね。人は、他人にウソをつくことはできても、自分をあざむくことはできないないんです。Hさんが罪になるかどうかということより、どれが真実であるか、そのことが知りたいだけなんです」

「……」

「どうして返事することができないですか」

「弁護士さんを呼んでくれませんか」

弁護士さんとの接見を終えて取り調べを再会した時には、態度が軟化していた。

「私が認めれば、多くの人に迷惑をかけてしまうため、どうしてもしゃべれなかったのです。三人の村議に贈ったのは陣中見舞いではなくワイロに間違いなく、Y村の建設課長にも五十万円の現金を贈っています」

Hさんの供述によって新たに二人の公務員が逮捕されたが、相手が懲戒免職になることを考えたら口が重くなるのも無理からぬことであった。

犯罪の捜査にしても取り調べにしても、犯罪者と捜査員の戦いみたいなところがあり、捜査技術の巧拙《こうせつ》だけでなく根比べによって左右されることもある。

入札は村の執行部の仕事であったが、むかしから村議を入札に立ち合わせることになっていたという。すべての相談事を村議に頼むという習慣があったから、このように執行部の役割にまで踏み込むことになったらしい。小さな村ではささいなことで波風を立てたくないと思っている人が多く、トラブルさえ起きなければすべてが見過ごされる傾向にあった。

逮捕された三人の村議が辞表を提出すると、こんどは現職の議長さんをはじめとして四人の対策委員会のメンバーが辞表を提出してしまった。対策委員会の四人の村議の収賄の事実は明らかにならなかったが、金をもらってもいいんじゃないか、と発言していたことが明らかになり、ついに辞任に追い込まれてしまった。

すでに議員の一人が助役になっていたから八人の欠員が生じてしまった。議長が不在であり、残った十四人の議員はすべて一年生議員であったから議会は事実上麻痺《まひ》状態になってしまった。正常化するために補欠選挙が急がれることになったが、その目処《めど》を立てることができず、深刻な事態に追いやられた。

混乱の責任をとって村長さんと助役さんが「一身上の都合」という理由で辞表を提出した。村長さんは前の村長さんが急死したため、助役から立候補して無投票で当選していたが、贈収賄事件に巻き込まれて任期の半《なか》ばで辞意を表明せざるを得なかった。

村では農産物出荷場を建設するために補助金が受けられることになっており、業者の入札を目前にしてこの騒動が持ち上がったため、十四人の村議は議会と補欠選挙の二股《ふたまた》をかけることになった。辞意を表明していた村長さんの辞表は議会で保留となったが、村長さんを支持する同窓生や支持者から撤回を求められるや辞意を撤回した。辞表を提出した時には「一身上の都合」となっていたが、撤回の時は「有権者の半数以上から撤回を求められており、その熱意に打たれ、心機一転して村民の信頼を回復したい」となっていた。

一方、M水道設計から押収された資料によって、Y村の水道施設係長にも八十万円がワイロとして贈られていたことが判明し、収賄の容疑で逮捕するとともに村役場の捜索をした。建設係長は建設省に勤務していたが、技官が必要な村長さんに招かれて水道課に勤務するようになり、十数年が経過した現在、入札指名業者の選定、水道施設の維持管理、工事の監督検査などを任せられていた。M水道設計と遠い親類関係にあったところから気軽につき合うようになり、飲食などの接待を受けているうちに抵抗なくワイロを受け取っていた。

贈収賄の事件が検挙になると、公務員と業者の癒着が指摘されるけれど、お互いに持ちつ持たれつのような関係にあっては、これを断ち切るのは容易ではなさそうだ。

講習会商法のうまい客集め

訪問販売にはさまざまなやり方があるが、共通しているのはたくさんの人に声をかけたり、無差別にメールを送ったりすることである。たくさんの人に電話をすれば、その中に関心を寄せてくる人もおり、その人をターゲットにしてうまい話をもちかける。

講習会商法というのは、何らかの理由をつけて大勢の人に集まってもらい、講習会名義で高額な着物や調理器具などを売りつけたりする。無料講習会という宣伝文句につられて講習を受けたばっかりに、難癖をつけられて商品を買うはめになったりする。

ある日、突然に業者から電話がかかってきた。

「自宅で習うことができるんですが、着付けの講習を受けませんか。教材費が少しかかりますが、講習は無料になっていますし、講師の免状をとることができれば高収入が保証されるんですよ」

これなどは、どこに落し穴があるかわかりにくいが、たとえ講師の免状をとることができても、どれだけ受講生がいるかわからない。簡単な講習を受けるだけで免状がとれ、高収入を得られるという謳《うた》い文句になっているが、それがまゆつばものである。料理講習会にだって似たところがあり、集まった人たちに料理の講習をして調理器具などを売りつけるのである。

ガラス工芸内職とか、人形づくりの内職とか、さまざまな名目の講習会商法があるが、どれも似たようなものである。世の中には趣味と実益を兼ねることができることを望んでいる人は少なくないし、家庭でできるとなると食指を動かすのも無理からぬことである。一挙両得みたいな気分になったとしても、損か得かは講習を受ける前に考えた方がよさそうだ。

一人の主婦から、講習を受けたが約束が守られず、だまされたと思うので調べてくれませんか、との申し出があった。

「コンピュータプログラマーを募集していたので会社を訪れると、『うちの会社は中小の企業や商店に対し、パソコンのハードウエアを販売しているんですが、人手が足りないので手伝ってほしいのです。プログラムは一本につき最低でも五万円になるし、高度なプログラムともなると十万円以上で売ることができ、売れた場合は半額をあなたに支払うことにいたします。すぐに仕事を始めることはできませんが、収入を得るためにはプログラミングの技術をマスターしてもらわなくてはならないんです。そのために講習を受けてもらうんですが、終了した時には会社で仕事をあっせんしてあげますよ』といわれて受講したのです」

「どのような講習を受けたのですか」

「毎週火曜日で、二か月に八回のコースの受講料が三万円になっており、それが終了すると一か月に三本ぐらいのプログラムをつくれるようになり、最低でも月に七万五千円ぐらいの収入を得ることができるんです。初めは簡単なものでしたが、むずかしくなると技術指導料や添削費などが値上がりするようになり、ついていくことができずにやめる人がでるようになったのです。どうしてもあきらめることができず、講習を終了することができましたが、言い訳程度に仕事が回ってくるだけでした。仕上げて提出すると、出来映《できば》えが悪いといって突き返されてしまい、まったく収入を得ることができなかったのです」

事情を聞こうとして会社に電話したが通ぜず、すでに事務所が閉鎖されていた。ふたたびどこかで講習会商法を開き、新たな受講生を募集することになるかもしれないが、このような商法の犯罪を証明するのは容易ではない。家をあけることができない主婦にあっては、「だれにでもできるコンピュータプログラマーの補助作業」というチラシを目にすれば食指を動かされても不思議ではない。

データのねつ造

製薬会社や医療器具のメーカーなどが、データをねつ造して発覚した事件があった。薬や医療器具などをつくるためには正確なデータが必要だというのに、どうしてこのようなことが行われるのだろうか。薬品として認可を受けるためには安全であることの証明が必要とのことであるが、データがねつ造されていたのでは安全どころではない。

会社にはたくさんの役員もいれば、それぞれのポストに責任者がいるに違いない。どのようにしてデータがつくられていたかわからないが、一人で作業をしていたとは思えない。

ある医療品メーカーのデータねつ造事件は、厚生省の調べによって会社ぐるみと判明したというが、新薬の認可を受けるためにはたくさんの実験をし、それらのデータを必要とするという。薬品会社は新薬を出すことを競っており、どうしても他社に先駆ける必要があるというが、まともにデータをつくっていたのでは他社に遅れをとってしまい、そのためにねつ造することになったらしい。

ある大学の薬理学教室の新薬のデータのねつ造事件も明かるみになったが、この実験結果もねつ造されていた。実験に使った犬の三分の一ほどが死んでしまったのに、すべてが生きていたように記録が書き換えられていたという。ある製薬会社の委託による実験だったというから、教授と製薬会社の関係だって疑われることになる。

それらのデータが新薬の認可を取りつける資料となっているらしいが、これだって氷山の一角かもしれない。犬が死んでも人間は死なないと考えているとしたら、まことに恐ろしいことである。

人工心臓の動物実験でデータをねつ造して学会で発表していたという教授もいたが、ばれることはないと思っていたのだろうか。これは、文部省の研究費を大幅に獲得するために一部の架空のデータだったというが、このようなやり方が危険なのである。

このニセのデータにもとづいた研究論文が米国の人工臓器学会でも発表されていたというか

ら各界に大きな打撃を与えていたようだ。功をあせったり、力を認めてもらいたいと思ってやましいことを考える研究者がいることになり、それを信じていたとしたらとんだことになりかねない。

このようにしてつくられた新薬に、どのような効能があるのだろうか。時たま薬の害によって事故が起きることがあるが、患者の特異体質であればともかく、薬の害によるとしたら重大な問題である。医師の治療を受けても、どんな薬を飲んでも治らないことがあるが、医師の診察が間違っていたら薬が効かないのは当然のことである。業を煮やして他の医師の診察を受けると病名が異なっていたり、投薬が変更されたりする。

冷静に考えると、前の医師の治療の効果が徐々にあがっており、後の医師の治療を受けた時に治癒した、ということもある。すべての病気に対して名医であるとはかぎらず、薬にしても医師にしても信頼できるかどうか、第一の条件とすべきではないか。

ある医師は、病気を治すために薬を用いているが、その薬によって障害を起こしてしまうこともあるという。そのために障害を起こさないような薬を合わせ飲むというから、薬の中にも毒が含まれていることになりそうだ。素人がどのように考えようとも、病気になれば医師の診察や治療を受けなくてはならなくなる。

製薬会社が急成長を遂げている裏側で、どのようなことが行われているのだろうか。厚生省の高級官僚が製薬会社に天下りをしており、厚生省の許認可を受けることになれば、後輩はできるかぎり便宜を図るかもしれないし、後輩が後釜をねらっているとしたらなおさらである。

そうなると、厚生省の許認可だって信用できなくなるし、薬だって安心して飲めなくなる。たとえ製薬会社の誤りに気がついたとしても、公然と指摘できないような雰囲気が醸成されているとしたら、よほどのことがないかぎり見逃されてしまうのではないか。まじめに営業をしている企業はきちんと税金を支払っているが、データをねつ造しているような企業は脱税だってしているかもしれない。

データのねつ造をすれば研究に要する時間も短くなるし、費用だって割安になるのは当然の理である。一刻も早く認可を受けようとしてワイロが贈られかもしれないし、教授と製薬会社の癒着につながるかもしれない。不正が行われないようにするためには、監督官庁からの天下りを禁止する必要があるのではないか。

いくら口先で薬の安全性をとなえたところで、データがねつ造されていてはこれを信ずることができなくなる。もうけを最優先させている企業にあっては、データのねつ造も省力化の一翼と考えているのかもしれない。

天下りをしようと考えている高級官僚は、自分の技術を生かしたいと考えているかもしれない。企業だって天下りの官僚を受け入れることによって、監督に手心を加えてもらいたいと考えているかもしれない。たとえ不正な行為があったとしても、どのようにしたら企業の利益につながるか、ということが優先してしまうかもしれない。

企業と官庁とが持たれ合いの関係になってしまっては正しい行政だってできないことになる。もし、監督官庁がデータのねつ造を黙認していたとしたら、それだって大きな問題である。

不正が発覚すると大きな騒ぎになるが、問題とすべきなのは発覚したことではなく、ねつ造したことなのだ。会社の経営者が関与していなくても、データをねつ造するような企業の体質になっていることは間違いない。多くの場合、刑事責任をとらされるのは直接の担当者であり、もっとも重い責任があると思える幹部におよぶことはほとんどない。「赤信号、みんなで渡れば怖くない」という考え方があるとしたら由々しきことであり、もっと人命を大切にしてもらいたいものだ。

補助金に関するデータをでっちあげ、不正に受け取ったとして詐欺容疑で取り調べを受けた財団法人の幹部がいた。放射線汚染のデータをごまかして報告していた官庁もあったが、どんな理由があろうともデータのねつ造が許されてよいはずはない。

データや統計は正しくつくられるから価値があるのであり、ゆがめられてしまってはなきにひとしいものになってしまう。成績の善し悪しや予算獲得のためにねつ造されているとしたら、まことに由々しきことである。

交通死亡事故の統計は、原則として事故を起こしてから二十時間以内に死亡した人にかぎられている。たとえ交通事故で死亡したとしても、これ以上の時間が経過した時には統計に載せられることはなく、実態にそぐわない面がある。事故を起こしてから十八時間で死亡したのに統計に載せず、そのことが新聞で大きく報道されたことがあった。交通警察官の中には担当の医師に対し、二十時間以上もたせてくれませんか、と頼む者がいるという。

交通死亡事故の減少は警察の最大目標の一つになっており、警察署の成績を左右しかねない問題であるため、死亡事故を減少させたいために、このようなことがなされているわけだ。実態を反映してこその統計の価値があるが、何らかの野心のために数字がゆがめられるとしたら信用だって失われることになる。

歩積《ぶづみ》預金詐欺の闇

さまざまな犯罪があるが、捜査が長びいてしまうこともあれば、困難だと思っていたのに簡単に解決を見ることもある。過去の事例を参考にして捜査することが多いが、犯罪は似ているようでも異なっており、一律に判断することはできない。

詐欺師たちは脱法的な行為を繰り返しているのに、捜査員は異動を余儀なくされており、十分に捜査技術を身につけることができない。捜査二課の係長になって四か年が経過し、詐欺師たちの人脈などがわかるようになり、それを捜査に役立てることができるようになった。

不動産会社の社長さんから、歩積《ぶづみ》預金の名目で二千万円をだまし取られた、との告訴があった。事件に関係していたのは手形ブローカーのHさん、街の金融のAさん、G信用金庫S支店の支店長代理のMさん、それにだまし取ったとされるN観光開発の社長のNさんの四人だけであった。Nさんが受け取った二千万円のうちの一千五百万円は街の金融の返済に充てられ、五百万円がS支店に入金されていたが、いずれも商取引だと主張していたため、すぐに事実を明らかにできない。

Nさんに犯罪歴はなかったが、Hさんには詐欺の犯罪歴があり、数年前、二人は共同で事業をしていたことがあった。Nさんと支店長代理のMさんは高校時代の遊び仲間であり、N観光は街の金融から多額の借入れをしており、三人が共謀しているのではないか、と思われたが、どうしても決め手をつかむことができない。

Nさんの内偵をつづけると、喫茶店で知り合った農家の長男と共同で事業を始めていたが、これはペーパーカンパニーみたいなものであった。農地を担保にして農協から資金を借りさせ、役員報酬として月に五十万円を支払っていたことがわかった。

地元の暴力団と組んでゴルフ場の造成予定地を虫食い状態のように買い上げたが、造成が頓《とん》挫《ざ》したために多額の借財を負っている、との情報を入手することができた。N観光開発は手形交換所に加入していない信用組合にも当座預金があり、二つの金融機関にひんぱんに五百万円の手形や小切手の入出金がなされており、これにからくりがあると思われた。

他の事件の捜査を兼ねながらの聞き込みになってしまったため、新たな事実を見つけることができない。金融ブローカーのHさんが何かを知っていると思われたため、有価証券虚偽記入で逮捕して取り調べをした。Hさんは詐欺の容疑で二回も逮捕されていたが、いずれも証拠不十分で不起訴になっており、虚偽記入についてもさまざまな弁解をくり返していた。

二千万円の詐欺事件についても、参考人として事情を聴取した時と同じように何も知らないというばかりであった。

私の取り調べには独特のものがあった。世間話をしたかと思うとNさんとの共同事業に触れたり、ホテルのボーイをしていた時のことを尋ねたりした。系統だった質問をすれば、それなりの準備ができても、さまざまな角度から追及すると、返答に困る場面がしばしば見られるようになった。

「取り込み詐欺や手形パクリ捜査をしてきたから、ある程度のからくりはわかっているが、どうしても二千万円の事件のなぞを解くことができないんだよ。支店長代理がからんでいないとできないと思うんだが」

「そのとおりなんですよ。支店長代理がN社長に引っかかってしまい、それを回収するためにN社長が仕組んだんですよ。おれは不動産屋をN社長に紹介しただけで詳しいことはわからないが、支店長代理がかぎをにぎっているんじゃないですか」

だんだんとはっきりしてきたのは、被害者が支店長代理に電話で問い合わせをした時、そのことだったらうかがっています、とだけ返事をしていることだった。N社長は融資が受けられないことを承知して申し入れをしており、二人の間に暗黙の了解があったと思われた。

改めて支店長代理から事情を聴取することにしたが、任意出頭を求めることは、捜査員にとっては日常茶飯のことであったが、支店長代理にとっては深刻な問題であったらしく、おどおどしながらやってきた。

「N観光開発の二つの当座預金を調べたところ、五百万円がひんぱんに出し入れされているが、

Mさんが便宜を図らないと操作ができないんじゃないですか」

「N観光開発から五百万円の小切手が取り立てに出され、急ぐというので現金で支払ったところ、不渡りになったために穴が空いてしまったのです。催促をしたが支払ってもらえず、二つの当座を利用して小切手でやり繰りをしていたが、監査が近づいてきたためどうしても五百万円の現金が必要になったのです。N社長の申し出により、不動産会社から問い合わせがあった時、その話だったらうかがっています、とだけ返事をしてくれれば迷惑をかけませんよ、といわれていたのです」

Mさんが全面的に自供したため、Nさんを逮捕して取り調べをしたが事実を認めようとしない。あれは借りたものであり、信用金庫に預けようとしたら街の金融屋に持っていかれてしまい、預けることができなかったんだと主張していたが、Mさんが自供していることを知るとあっさりと認めた。

広報官から新聞発表されるため、原稿を書くように指示されたが、捜査に支障を来《きた》すような内容を書くことはできなかった。翌日の各紙の地方版に『融資話で二千万円詐取』などの見出しの記事が載っていたが、ほとんどが発表された内容と同じであった。発表してから取材する時間がなかったということがあるかもしれないが、記者がこの種の取材に慣れていないことも原因しているらしかった。

N観光開発の事務所や社長さんの自宅の捜索をし、多数の証拠書類を押収して引き続き取り調べをした。

「農家の長男のDさんは、あなたから共同事業を持ちかけられ、農地を担保にして一千万円をあなたに融資しているが、その金はどのように使っていますか」

「新しい会社の役員になってもらい、月に五十万円の報酬を支払ったり、農協への利息の返済にあてたりしているが、みんなDさんが承知していることなんだよ」

「共同事業という名目で、Dさんをだましたのではないですか」

「Dさんとは喫茶店で知り合い、金がもうかる話をしたところ、『そんなにもうかるんなら一口乗せてくれないか』といわれ、条件をつけて役員になってもらっただけだよ。計画していたとおりにいかずに損をしてしまったが、だますつもりはなかったんだ」

「暴力団と組んでゴルフ場の造成予定地を虫食い状態に買い入れ、それをオーナーに売りつけている、との情報も入っているんですよ」

「地元の不動産屋から頼まれて手伝うことになっただけであり、暴力団と組んだことはありませんよ。造成がうまくいかなくなったためにみんな手放してしまったが、それでも罪になるというんですか。どんなに調べられたって、ほかには法に触れるようなことはやっていませんよ」

Nさんには詐欺まがいの事件がたくさんあったが、犯罪を証明するのがむずかしいものばかりであり、取り調べをしていた時に東京の弁護士さんが接見を求めてきた。

「私は三年前まで検事をやっており、いまは弁護士を開業していますが、今度、N君の弁護を引き受けることになったのです。警察のことはよくわかっているつもりですし、都合のいいことに担当の検事が元の部下だったので便宜を図ってもらっています。検事から連絡があったと思うが、このとおり書類を持ってきたので十五分ほど接見させてもらいたいんです」

担当の検事さんの元の上司が弁護人になったからといって、警察の捜査には支障がないが、担当の検事さんには影響があるかもしれない。

Nさんとの接見を終えた弁護士さんが、帰りがけに私のところに立ち寄った。

「取り調べにあたってウソをつくようだったら弁護人を降りるといっておいたから、これからは正直に話をすると思いますよ。このごろは詐欺師や暴力団がからんだ知能暴力犯罪が多くなってており、警察の捜査もむずかしくなってきましたね」

どんな気持ちでこのような話をしたのかわからなかったが、どうしても相づちを打つ気にはなれなかった。すると今度は、N観光開発の経営の実態について尋ねてきたが、それには答えることができなかった。

弁護士さんが帰ってしばらくすると、N観光開発の経理課長さんが面会の申し入れをしてきた。接見禁止の措置がとられていなかったから面会をさせることにしたが、弁護人の接見と異なって、証拠隠滅されないように立ち会わなければならなかった。

経理課長は、社長のことが新聞に出たものだから、だれも相手にしてくれず、どこからも金を借りることができず、従業員の給料や弁護士費用を調達することができず、二人も弁護士が必要ないじゃないですか、といった。するとN社長は、東京の弁護士は担当の検事さんの元の上司だし、地元の弁護士はいままでの恩義があるからはずすことはできず、経理課長の才覚でなんとかしてくれないか、といった。

「聞いたところによると、国選弁護人を頼めば無料とのことですが」

「国選弁護人は、起訴されてからでないと頼むことができないんだよ。それに、あまり役にたたないということだよ」

二人の間でこのような会話がなされていたが、私が立ち会っていたせいか、きわどい話は避けていた。Nさんが東京の弁護士を外すことができないよ、といった時、ふと、ある窃盗の常習者の言葉を思い出してしまった。

それは「裁判官だって弁護士だって検察官だって、みんな司法修習生の仲間なんだから、おれは群馬で一番偉い弁護士を頼むことにするんだ」といったことだった。

数日した時、被害者をともなって弁護士さんが見えた。手にしていたのは、その弁護士さんの美談が載っている新聞の切り抜きであり、うさん臭さを感じてしまった。

「信用組合の支店長代理が共謀していることがはっきりしたので、これから信用組合を相手に損害賠償を求めることにするつもりです。N観光開発に請求しようと思ったが、従業員の給料も支払うことができないとあってはあきらめるよりほかなさそうだね」

被疑者や被告人の弁護士が警察にやってくるならともかく、訴訟をしようとする弁護士さんがどうして被害者をともなってやってきたのが理解しがたかった。

N観光開発の経理課長さんはひんぱんに面会を求めてきたが、交わされている会話はほとんどが資金繰りのことであった。新聞で報道されたことが痛手になっていたらしく、N観光開発は大きな経営危機に陥っていたようだ。自業自得といってしまえばそれまでだが、Nさんや経理課長さんにとっては、会社の存亡にかかわる重大な問題であった。

逮捕されたNさんも、任意で取り調べられた信用組合の支店長代理のMさんも、ともに起訴された。起訴されたから釈放されるのではないかと思っていたらしかったが、どうしても保証金の都合がつかなかないようだ。余罪についても徹底した捜査をすすめたが、一つも送検することができなかったため、逮捕から二十七日目に拘置所に移された。

有価証券虚偽記載の容疑で逮捕したHさんは起訴猶予となったが、Hさんの協力がなかったら解決できなかったかもしれない。

弁護士さんが公判でどのように争ったかわからないが、Nさんは懲役三年、執行猶予四年の有罪判決をいい渡された。刑が確定してから捜査二課にあいさつにやってきたが、利息を含めて二千三百万円を被害者に支払って示談にし、二人の弁護士さんに七百万円を支払い、諸経費が二百万円ほどかかったといっていたが、金の出所については話そうとしなかった。支店長代理のMさんは信用組合を懲戒解雇されたうえ、有罪の判決を受けてしまったが、この収支決算をどのように考えているだろうか。

問われる公務員のモラル

勲章をほしがる人が大勢いるから、勲章の価値が上がることになる。立派な業績をあげた者にたいし、その功に報いるために与えられるのがタテマエになっいているが、現実は必ずしもそのようにはなっていない。知能犯の捜査を通じてたくさんの人を知るようになったが、いかがわしいと思える人が受賞していることもある。

総理府に章勲局というのがあり、ここで各省庁から推薦された者を審査し、閣議決定のうえに上奏・裁可ののちに叙勲が発令されるという。各省庁がどのような基準で推薦するのかわからないが、章勲局から叙勲者の数が割り当てられてくると、該当する者の有無にかかわらず、その数だけは推薦することになるという。

叙勲に値する者がいない時でも、員数合わせをして推薦しておかないと、つぎの割り当てが減ることになるというから、どうしても叙勲に値しない者も選ばれてしまうようだ。上司に意見をいったために左遷させられる者もおり、所属長の情実に左右されたりもする。

叙勲の事務を取り扱っている官庁の役人が、叙勲に便宜を図ってワイロを受け取っていた事件があった。文化や芸能などに関係している文化庁の公務員であり、受賞していた者も文化や芸能に貢献した人たちであり、犯罪者が受賞の栄に浴したことになる。

たとえ一部の人の犯罪であったとしても、その中にはベテランの公務員がいたり、文化人と称する人がいたのである。通産省の公務員にも叙勲の功績調書に手心を加えていた者もいるというから、多くの官庁でこれに似たようなことが行われていたと疑いたくなる。

公務員にもいろいろのタイプの人がおり、どのような誘惑にも負けないような意志の持ち主もいる。その反面、金銭欲や出世欲が強く、国民のためというより上司のご機嫌取りにうつつを抜かしたり、金もうけに汲々《きゅうきゅう》としている者を見かけることもある。

昇給や昇任に情実がからむこともあり、上司に好かれることが出世の早道と考えている者もいる。名誉や金銭の欲がからんでくると、国民に奉仕するという気持ちも薄れてしまうが、これらの者が叙勲の対象になっても困ることになる。

ワイロを受け取ることが悪いことは、公務員ならだれでも知っている。ところが、悪い業者になると公務員の素行の調査をし、飲食店で偶然に出会ったように振る舞って飲食をともにし、つぎにゴルフに誘ったりする。

初めはたった一杯の酒であったが、だんだんとエスカレートして海外旅行になったりし、要求が断れなくなってしまう。一度でもワイロを受け取ってしまうと、腐れ縁はいつまでもつづいてしまい、やがては犯罪者の烙印《らくいん》を押されることになりかねない。

汚職をする者の中には、切れ者とかベテランといわれている人が多いが、これらの人たちにワイロを贈る方が効果的であるからだ。実力者といわれている人の多くが、長く同一のポストについていて強大な権限を持っていたりするからだ。仕事の要領を心得ているし、有能だから上司の信頼も厚いが、ここに落し穴があったりする。

ワイロを受け取るような部下をチェックすることができればともかく、かえって信頼してしまうから不祥事を防ぐことができなくなる。そんなことより、部下の非行が公になると出世の妨げになると考えている上司もいるから、指導監督も消極的になってしまうのである。

職務に関してワイロを受け取れば、収賄《しゅうわい》として逮捕されるだけでなく、懲戒免職になることを覚悟しなくてはならない。ばれないと思っているのだろうか、誘惑に負けてしまうためかからないが、この種の事件はいつになっても後を絶つことがない。どんなに誘惑されたとしても、クビになることを考えたらワイロを受け取ることはできないのではないか。酒が飲みたいとか、金がほしいとなると良識もどこかへ飛んでしまい、ずるずると泥沼にはまり込んでしまう人だっている。

公務員の犯罪が摘発されると、公務員のモラルが低下したと指摘されたりするが、収賄罪はあくまでも個人の犯罪なのである。綱紀のたるみが原因になっていることもあるが、最大の原因は国民に奉仕する気持ちが失われているからではないか。一部の人のために便宜を図ったり、出世するために上司におべっかを使ったり、金銭欲にかられるようになったら公務員失格といえそうだ。

私は特攻隊員として沖縄の戦いに参加し、アメリカ軍の捕虜として一年三か月を過ごし、多くのアメリカ軍の将兵に接し、いろいろと学ぶことができた。ある将校から、「日本では代議士になったから偉いとか、校長になったから立派だ、というい方をするが、アメリカでは立派な人でないと、政治家にも校長にもなることができないんだよ」と聞かされた。

日本の社会にあっては、勲章をもらったから偉いとか、表彰されたから立派な人だ、という評価の仕方をする人が多い。このような評価の仕方をすると、賄賂《わいろ》を贈って表彰された者だってばれなければ立派な人になってしまう。

結婚詐欺の常習者

結婚詐欺の被害者がすべて届け出てくるとはかぎらないし、たとえ届け出があったとしても犯罪を証明するのは簡単ではない。教養や経済力があるのにどうして風采《ふうさい》のあがらない男にだまされるのだろうか、と疑問に思ってしまうこともある。

結婚詐欺の常習者にすれば、どのようにして女性に近づき、どのようにしてだますことができるか、ということを経験によって知っている。まじめに振る舞って性関係を持とうとしなかったり、肉体関係を結んでからだますというやり口の者もいる。まじめを装っていれば信頼されるし、肉体関係を結べば被害の届け出がしにくいということまで計算に入れている。

結婚詐欺の被害者は何も女性にかぎったわけではなく、まれには男性が被害者になってしまうこともある。結婚の約束をして結納を交わしながら、偽名が使われていたためにどこの人かわからないこともある。総じて結婚詐欺の被疑者は徹底的に否認する傾向にあり、それだけ慎重な捜査が必要となるが、複数の人をだますようになるから弁解に行き詰まってしまう。

結婚詐欺の被害にあったという女性から届け出があった。

「私は独身ですが、三十五歳ぐらいの男性から結婚の申し込みをされ、一千五百万円ほどだまし取られたのです。初めて私の家に見えた時、『この付近にKさんという家はありませんか』と訪ねてきたのですが、いませんがと返事をしたところ、困ったような顔をして立ち去ろうとしないのです。世間話を始めると物知りであることがわかり、その人に興味をいだくようになり、私が趣味にしている俳句の話を始めたのです。そのうちに、『私はときどきM市にやってきますから、その時には立ち寄らせてもらいます』といって帰っていったのです」

「それから、どうしたのですか」

「一週間ほどした時に句集を持って見え、話がはずんで夕食の時間になり、酒を出すなどのもてなしをしたのです。このようなことが三度ほどつづき、遅くなったので泊めたことがありましたが、その時には何事もなかったのです。翌朝、『たのしい女性に会うことができたから、これからもお付き合い願えませんか』といわれ、結婚を前提にして交際するようになったのです。肉体関係を結ぶと、金をせびられてもいやといえなくなり、金額もだんだんとふくれて定期を解約して渡すようになったのです。一緒に生活したのは二か月ほどでしたが、金を出すことができなくなると見えなくなり、恥を忍んで届け出にやってきたわけです」

詐欺の疑いがあったために被害の届け出を受理したが、男が偽名を使っていたらしく身元がわからない。「結婚詐欺」の手口を有する者の中から年齢が三十五歳前後、中肉、中背の人を選び出して被害者に見せたところ、一枚の写真を拾い上げたが、それはAという人であり、結婚詐欺の罪で実刑になり、三か月前に刑務所を出所していた。ますます容疑が濃厚になってきたが、それだけでは逮捕状を請求することができず、内偵をつづけた。

若い女性と同棲していることがわかったため、任意出頭を求めて事情を聴取した。

「あなたにだまされたという被害者がいるんですが」

「おれは、結婚するつもりで付き合っていたし、あの金は借りたものなんだよ」

「結婚するつもりだといっているけれど、どちらの人と結婚するつもりなんですか」

「一緒に暮らしているN子さんですが」

「すると、A子さんとは結婚するつもりがなかったことになりますね」

「そのようなプライベートな質問には答えることはできませんね」

「A子さんから被害の届け出が出ているんですよ」

「あの女が被害の届け出をするとは思わなかった。結婚詐欺に引っかからないように刑務所で勉強してきたんだが」

「どんな勉強をしてきたんですか」

「おれは本を読むのが好きだから、有名な作家の小説だけでなく、お茶や俳句の勉強だってしてきたんだよ。通りがかりに女の表札が見えると立ち寄り、『この近くに○○さんという家はありませんか』といって訪ねると、『ありませんね』といわれることが多かったよ」

「それでは、だます女性を見つけることができないじゃないですか」

「このようにして何軒も訪ねていき、女の持ち物や家の中の様子を見ながら話の切っ掛けをつくり、脈があると思うとつぎにやってくる口実をつくるのです。女の好みの品物や本を持っていくこともあるが、相手の機嫌をとるだけでなく、人によって文句をいったりすると反応でいろいろのことがわかるんです。いろいろの手を使いますが、だめでも元々だからどうにでもきるんですよ」

一人暮らしの女性には、人に頼りたいという気持ちがあるし、多くの女性が親切にされるとうれしいらしい。こんな時、やさしそうな言葉をかけてくる男性に興味を抱いたとしても不思議ではないが、どうして見ず知らずの人が親切にしてくれるのか、どうしてそのことに疑問を抱かないのだろうか。

男女の交際だから結婚の話が出ても不自然なことではなく、交際途中に肉体関係を結んだところで罪になるものではなく、この種の事件の捜査は思ったよりむずかしい。

初めはだまされていたことに気がつかなくても、何度も会っているうちに本性を現してくるものである。疑いを抱いても未練が残っていると相手のペースにはまってしまい、ずるずると被害を大きくしてしまう。結婚詐欺になるかどうか、その判断は社会通念に照らしてということになるかもしれないが、複数の女性に結婚の話を持ちかけていては弁解の余地をなくすことになる。

男が、「おれは女に楽しい夢を見させてやったんだ」とほざいた時、結婚詐欺を働いた男の本心を知ることができた。

「中小企業を育てる会」

暴力団員や右翼と名乗る人たちの脅迫や恐喝事件は少なくはない。やましいことをしていなければともかく、弱みにつけ込まれるから反発することができにくい。表向きは債券の回収であったり、示談交渉であったりするが、要求をのまないと脅されたりすることから拒否できなくなってしまう。一度でも相手の要求をのむと、つぎつぎに難題を吹っかけられ、のっぴきならない事態に追い込まれたりする。

右翼を名乗る人たちの手数料詐欺と銀行恐喝事件の捜査は、A家具製作所の社長さんの防犯相談からはじまった。

「Kと名乗る男が『中小企業を育てる会』の名刺を持って会社に見え、『私たちは健全な中小企業を育成するための活動をしており、会員になっていただければ特別に融資のあっせんをしてあげますよ』といわれ、十万円を出して会員になり、百万円の手数料を支払って一千万円の融資の申し込みをしたが、いまだ融資を受けることができないんです」

相談の内容はこのようなものであったが、詐欺の疑いがあったために捜査に乗り出した。聞き込みをつづけていたところ、Kさんと右翼を名乗るTさんの二人がB信用金庫を脅しているとの情報を得ることができた。

理事長さんに事実の有無を尋ねると、新聞に出されて取りつけ騒ぎが起きたり、右翼に押しかけられても困るからといって多くを語ろうとしない。いい渋っていた理事長さんを説得すると、顔見知りのKさんがTという男を連れてきて一千万円の融資の依頼をしてきたが、担保物件がないために断ると、Tさんが、「ただで金をくれといっているんじゃないんだ。おれたちは困っている中小企業の手助けをしており、融資のお願いにあがっただけなんだ」といい、Kさんも、「この人は右翼の大物の秘書をしており、不正を暴かれると困るんじゃないですか。ここにチラシがあるし、融資をしてくれないとなると、これを新聞折り込みにすることにしますが、それでもいいんですか」と念を押し、チラシのようなものをちらつかせたという。

二人の背後関係を洗ったが、『中小企業を育てる会』や『T政治経済研究所』の実態を明らかにすることができない。右翼を怖れていたらしく、多くの金融機関が捜査に非協力であり、十分に詰めの捜査をすることができない。捜査されていることを知ったTさんらは関係者に圧力をかけるようになり、強制捜査に踏み切るざるを得なくなった。

チラシを手に入れことはできなかったが、B信用金庫を被害とする恐喝未遂事件で二人を逮捕すると、融資の申し込みをしただけであって脅すようなことはしていない、と二人とも頑強に否認をつづけた。家宅捜索をしてたくさんの資料を押収すると、別の金融機関も脅されていたり、融資のあっせんの名目で手数料をだまし取られている人がいることがわかった。

恐喝未遂事件で逮捕したけれど、肝心のチラシを手に入れることができず、起訴が困難とのことであった。A家具製作所の手数料詐欺事件で再逮捕したところ、Tさんは、警察のやり方はきたない、と強く抗議してきた。再逮捕したからといって起訴できるとはかぎらず、もっと慎重な捜査を求められるところであったが、これにも限界があった。

二人を再逮捕したため、どうしても新聞発表しなければならなくなり、広報担当官から原案をつくるように指示された。理事長さんから強く求められていたため、最初に逮捕した事実に触れることはできず、捜査に支障を来たすような内容を発表することもできないため、いささか事実と異なるものになってしまった。

再逮捕した事実についても二人は頑強に否認していたが、黒幕の存在が明らかになったためWさんを共犯で逮捕することができた。三人とも否認をつづけていたが、TさんとKさんの供述にはそれほどの食い違いがなかったが、Wさんと他の二人の供述は大いに異なっていた。

ふたたび、Tさんの取り調べをした。

「逃走していたWさんを捕まえて取り調べをしているけれど、TさんやKさんの話と大きく食い違っているんだよ。Tさんがウソをいっているか、Wさんがウソをついているのかわからないが、どちらかがウソをついていることは間違いないと思うんだ」

「どんなに調べられたって、困っている中小企業を助けるためにやったことなんだ。だましたり、脅していたというなら、警察で証明すればいいことじゃないか。何も、捕まっているおれたちが捜査に協力する必要はないと思うんだ」

「ようやく、T政治経済研究所の事務所を見つけて捜索することができたよ。政治家や金融機関だけでなく、中小企業を育てる会の組織表を手に入れることができたから、Tさんが何もしゃべらなくても事実をはっきりさせることができると思うんだ。たとえTさんの話にウソがないとしても、肝心なことが抜けているから辻褄《つじつま》が合わないんだよ。こっちで知りたいのは、Tさんがしゃべりたくないことや、いままでしゃべっていないことなんだよ。木に木をついだような話なら理解することができるが、木に竹をついだような話をされたんじゃ、信じようと思っても信じることができないじゃないか」

「おれは右翼じゃないんだ。債権を回収しているうちにKの口車に乗ってしまい、こんな目にあってしまったんだが、困っている中小企業者を何人も助けてきたことは間違いがないんだよ。おれたちの仕事にはだまし合いみたいなところがあり、被害者にだって落ち度があるんだ」

頑強に否認していたTさんであったが、さまざまな証拠を突きつけられてついに自供するにいたった。Tさんが自供すると、Kさんも否認をつづけることができなくなったが、この事件の捜査でわかったのは、随所にだまし合いの戦いが展開されていたことであった。

だまし合いの戦いで負けた者が被害者になり、勝利者が被疑者になってしまうということがわかってきた。三人とも起訴されてピリオドが打たれたが、Wさんが逃走をつづけていたらどのようになったかわからない。

農協をねらった地面師

聞き込んだ一つの情報が思いがけない事件に結びつくこともあり、それが企業や人の生き方さえ変えざるを得なくなったりする。

建設会社の社長さんが暴力団に手形をパクられているらしい、との情報を入手した。社長さんは手形をパクられていないといい、ことによると実弟かもしれない、といった。その商事会社はすでに倒産しており、家族から事情を聴いたが社長さんの所在を知らないという。さらに内偵をつづけると、ノイローゼを名目にしてK病院に入院していることがわかり、院長さんの許可を得て事情を聴いた。

「知人のSさんの紹介によって手形を貸したことはありましたが、パクられたわけではありません。後になって、Sさんが暴力団と付き合いのあることがわかりましたが、手形がだれの手に渡っているかわからないんです」

ここで内偵を打ち切っていたら、T農協が被害にあっていた事実も公にならなかったかもしれないし、もっと悪い結果をまねいていたかもしれない。

Sさんについて内偵すると、喫茶店の主人が所有していた山林をあっせんしているらしい、との聞き込みを得た。主人から事情を聴くと、T市の裏山の山林にゴルフ場ができるというので父親が購入したが、病死したために手放すことにし、店のお客さんからSさんを紹介され、Sさんを通じてTさんに売ったが、Tという人に会ったことはないという。

Tさんは G土地開発会社の代表取締役をしていたが、その会社はM市にあった。犯罪歴を調べると、二度も詐欺の容疑で逮捕されていたが、いずれも不起訴処分になっていた。G土地開発会社がアパートを担保にし、T農協から融資を受けていることがわかったため、住人から事情を聴いた。

「このアパートには、以前は六世帯が住んでいましたが、現在は二世帯しか住んでいないんです。一か月ほど前になりますが、暴力団員風の男が見え、『このアパートをぶち壊して新しいビルを建てることにしたからすぐに立ち退いてくれないか』といわれ、どのようになるか心配していたところなんです」

暴力団が関係しているかどうかはっきりしなかったが、大家さんは市内の不動産屋のあっせんでG土地開発に売却していることがわかった。この物件についてもT農協の抵当権が設定されており、T農協の担当者から事情を聴くことにした。

「T市内の山林とU市内のアパートを担保にG土地開発に融資をしているようですが、そのいきさつについて話してくれませんか」

「私どもではG土地開発と取引はなかったのですが、Y専務が県議会議員の名刺を持ってきて、『父から電話があったと思うんですが、この土地を担保として二千五百万円ほど融資してもらえないでしょうか』と申し入れてきたのです。会社も本人の住所もM市内になっているから貸すことができないと断ると、数日後、T市内に住所を移してふたたび見えたために融資をしたわけです」

T農協から融資に関する書類を取り寄せて調べると、二つの物件のほかにT村の別荘地を担保にし、合わせて一億七千万円が融資されていた。別荘地には、T農協の評価額を示す書類が添付されていたが、いずれの取引にも不審がもたれたため、ふたたび喫茶店の主人から事情を聴くことにした。

「あなたが持っている土地の売買契約書は三百五十万円になっていますが、それを担保にして二千万円の融資を受けているんですよ。T農協に提出された契約書は三千五百万円になっていますが、二つの契約書を作成していませんか」

「Sさんから、『税金対策があるので一つは正規のものにし、もう一通は白紙のものにしてもらいたいんです』といわれ、金額が書き入れていない契約書も渡しています。Sさんは代議士秘書を名乗っており、私の店から何度も事務所へ電話しており、信用できる人と思っていました」

Sさんについて内偵をすすめると、数年前までは大きな店舗を構えていたが、倒産してからは手形ブローカーのような存在であることがわかった。暴力団との付き合いがあるとの情報もあったが、その事実を確かめることはできなかったし、G土地開発との関係も明らかにできなかった。すでにG土地開発は事務所を閉鎖しており、社長さんや専務さんも所在をくらましていた。

T農協では評価額の七割を限度として融資をしており、鑑定士や地元農協の証明書が添付されていたため融資していたこともわかった。二重の契約書がつくられていることを説明したが、G土地開発の返済に期待していたらしく被害の届け出をしようとしない。

呼出状によって参考人のSさんの呼び出しをしたが、なしのつぶてであり、所轄の交番に依頼すると出頭する旨の回答があった。何度も約束をほごにされてしまったが、ようやく姿を見せたのは夕方であった。

「山林の売買契約書が二通つくられ、一通は白紙となっているが、どうしてそのようにしたのですか」

「Tさんから、税金対策として二通が必要だといわれ、それを山林の売り主に伝えただけです。G土地開発の専務のYさんが県議会議員の息子であり、選挙を通じて知ったのですが、Gさんのことはよくわからないんです」

T農協に提出された売買契約書が偽造とわかっただけでなく、鑑定書や証明書にも疑いがもたれ、ふたたびT農協を訪れた。

「いままでの捜査でわかったのは、売買契約書が偽造されていることと、別荘地には道路がついておらず、更地ということになっているアパートには人が住んでいるのです。融資の条件が大いに異なっているだけでなく、すでに事務所も閉鎖されていますが、それでも返済を期待しているわけですか。被害の届け出がないと、これ以上の捜査をすすめることができないんですが」

「警察の問題になると新聞で報道され、組合員から突き上げられてしまい、どのようにしようか迷っているところなんです」

「G土地開発にだまされているだけでなく、暴力団に脅されているとの情報も入っていますが、そんなことはありませんか」

「数日前、暴力団みたいな人から融資の申し込みがあり、気になっていたところなんです。私の一存で被害の届け出をすることはできませんから、役員会を開いて早急に検討したいと思っています」

役員会でどのようなことが話し合われたかわからないが、二日後、理事長さんと担当の課長さんが見えて被害の届け出をしていった。多くの場合、被害の届け出や告訴によって捜査が開始されるというのに、今回は被害の届け出が後になっていた。

逮捕状を得て二人を全国に指名手配をしたが、逮捕と取り調べという問題が残っていた。一か月ほどした時、情婦のところに潜伏していたTさんが警視庁で逮捕されて護送されてきた。

「このとおり逮捕状が出ているんですが、この事実に間違いありませんか」

「おれは物件を担保に入れて融資を受けており、つきづき返済をしているというのにどうして犯罪になるというんかね」

「弁護人を選任することができますが、どうしますか」

「弁護人なんかいらないよ。おれは一人で無実を証明してやるよ」

どのように取り調べても否認をつづけており、自供を得るのはむずかしいようだった。

「捜査二課の仕事をしていると、たくさんの人からいろいろの情報が入ってくるんだよ。詐欺師や暴力団の調べをした時など、それらを大学ノートに書き入れておいたが、それにTさんの名前も載っていたよ。いままでM市にやってきたことはないといっているが、五年前、TさんがFさんとMホテルのロビーで話し合っているじゃないですか。初めのうちは詐欺師のからくりに気がつかなかったが、このごろはややっこしい事件のなぞも解けるようになったよ。黙秘権があるんだから黙っているのもよいし、否認するのもいいが、私がどのような捜査をやってきたか、賢明なTさんにはわかっているんじゃないですか。この事件が詐欺になるかならないか、それはTさんが決めることじゃなく、最終的には裁判官が決めることなんだよ」

「だれがどう決めようとも、だましていなければ詐欺にはならないと思うんだ」

「インチキな契約書をつくっていれば、正当な取引とはいえないと思うんだが」

「Sさんに頼んでつくってもらっただけであり、正当な契約書と思ったから農協に入れたんだよ」

「不動産のことに明るいTさんが、土地の評価額がどのくらいか知らないといっても、それを信じることはできないね。どんなに人をだますことが上手《じょうず》な人であっても、自分自身をだますことはできないし、すでに行われてしまったことを取り消すことはできないんだよ」

「とことん否認するつもりでいたが、どんな捜査をしていたか、Sさんから情報が入っていたからそれなりの覚悟はしていたんだ」

徹底して否認するものと思われていたが、いつまでも否認しているより、自供した方が有利と考えたのかもしれない。

「どうして、T農協で融資を受けようとしたのですか」

「おれは銀行の貸付係をしていたから、どのようにすれば融資が受けられるかわかっていたんだよ。取引銀行で融資を受けることができなくなったため、農協で借りることにし、知人の紹介によってT農協にアタックしたが、員外貸し付けはできないと断られてしまったんだ。相手の話し方を見れば脈があるかどうかわかり、住所を移したり、専務がY県議の名刺を持っていくと丁重に扱ってくれたんだよ」

「だまし取った金は、どのように使いましたか」

「一部はT農協の返済や土地の購入にあて、残りを二人で山分けしていたが、Sさんにも多額の謝礼をしているよ」

Tさんの取り調べによってYさんが共謀していたことは明らかになったが、Sさんの共犯関係はきっぱりと否定していた。Tさんが起訴されて数日した時、Yさんも逃走先の新潟で逮捕されて護送されてきたために取り調べた。Y県議がおじに当たっており、おじの名前を使ってT農協に融資のあっせんを依頼したのがSさんらしいこともわかった。

「この事件に、Sさんはどのように関係しているんですか」

「Sさんを共犯のように見ているようですが、土地のあっせんをしてもらったため、手数料を支払っていただけです」

これが真実の供述であるかどうかわからず、Sさんを逮捕することはできなかった。証拠物件があればともかく、TさんとYさんの供述だけが頼りとあってはそれも致し方ないことであった。

政党をまねた議長選挙の内幕

国会議員にとって最大の夢は総理大臣になることかもしれないが、多くの人がポストに応じていろいろと考えている。市長に転身したいと思っている市議会議員もいるが、多くが議長になりたいと思っているらしい。保守系が圧倒的に多い市議会にあっては、最大会派に属するのが議長になる近道であり、Gクラブに入る新人議員が少なくない。

議長選挙をめぐって数人の市議に現金が渡されている、とのうわさを耳にしたが、このようなことはめずらしくはない。議会内のことであったから事実を確かめるのは容易ではなかったが、今回は保守派内の分裂に端を発していた。

いままでは保守の最大の会派から選ばれた候補者が無条件に議長になっており、無投票みたいなものであったが、八年ぶりの議長選挙となって様相が変わっていた。新顔の市議が多数当選して議会の勢力地図が塗り替えられており、旧来のやり方が通用しなくなったことも原因していたらしい。

市議選後、初めて開かれた臨時議会において、Gクラブは新人を加えて引き続き過半数を越える勢力になっていた。以前から議長は二年交代が慣例となっており、いまだ議長も副議長も経験していない二人の議員が最初から議長の候補にのぼっていた。正式な議長選が行われる前に、慣例によってGクラブで非公式の投票が行われ、K氏が僅差で選ばれて議長選に立候補することになった。

ところが、新顔議員に根回しをしたのが勝因とのうわさが飛びかうようになると、Gクラブが真っ二つに割れるという事態になってしまった。急きょ浮上したのが、K議員とB議員の二人を前半と後半にしたらどうかという案であったが、こじれた関係を修復するにいたらなかった。何度も話し合いがなされたが、前半と後半とどちらが有利かという問題になってしまい、お互いに前半を希望したために本会議で結末をつけざるを得なくなってしまった。

議会内にもさまざまな勢力地図があるが、議長選挙になるとだれがだれを支持していたか明らかになる。いくらGクラブが過半数の勢力を得ているからといっても、真っ二つに割れてしまっては他のクラブの応援が必要になってくる。

政界の常識みたいになっているのは、どのような名目であっても、現金を受け取れば味方、拒否されれば敵という色分けがなされるため、当選するためにはより多くの味方を集めなければならなくなる。Gクラブの非公式の選挙で金を使っていたかどうかわからないが、議長選挙で金が動いたために贈収賄に問われることになってしまった。

いままでだったら金を受け取っても表沙汰《おもてざた》になることはなかったが、今回は少しばかり事情が異なっており、議長と数人の議員が警察の取り調べを受けた。罪になってしまうためにだれも贈収賄の事実を否定しており、あらかじめ話し合いがなされていたらしく、供述に矛盾が見られなかった。

だが、それは捜査段階で知り得たことと異なっており、矛盾のないことがかえって不自然であり、個々のいい分を子細に検討すると矛盾点が見つかった。追及すると矛盾が広がり、一人の議員が十万円の現金を受け取ったことと、みんなで話し合いをしたことを自供したため、議長も議員もともに逮捕となった。

議員にとって議長になることは勲章のようなものであり、地元に幅を利《き》かせることができるとあってか、多くの議員が議長になりたがっていた。ふだんから人望を得ていればともかく、ワイロを贈って議長になろうと思っている議員ほど人望に欠けているようだ。

議長選にからむ贈収賄の疑惑は長い間培《つちか》われてきた土壌によるものであり、いまさら驚くに値しないかもしれない。市議会にあっては日常的に勢力争いが行われており、寄らば大樹の影とやらで、最大会派のGクラブに入る議員が多かったという。

事件のことが新聞報道されると、市民の間にはさまざまな反響が舞い上がって非難する声も聞かれたが、政治家の反応は鈍かった。Gクラブに支えられている市長は、コメントを差し控えざるを得なかったし、国会議員や県議会議員の選挙も複雑に絡み合っていたため、政治家の発言も微妙なものになっており、大きく批判する声は聞こえなかった。

議長はたくさんの要職を兼ねており、同じバッジをつけていても一般市民から一目置かれる存在になっていた。すべてを穏便に過ごそうという風潮が強かったが、議長が失脚すれば、次をねらうことができる議員にとっては重大な関心事になっていた。

すでに七人の市議が逮捕されているが、いままでは年功序列でうまくやってきたが、K議員だって次には議長のポストが回ってくるんだから無理をしなくてもよかったんではないか、という市民の声が聞かれた。政界は一寸先が闇だといわれており、K市議は次の機会まで待つことができなかったのかもしれない。

安易にひっかかる商品券詐欺

詐欺にしても窃盗にしても、被害の届け出があると、被害届けのほかに被害通報票が作成される。被疑者が検挙になると指紋原紙や手口原紙などが作成され、被害の届け出があると、手口や犯行手段などと対照して犯人を割り出していく。

酒屋さんからビール券をだまし取られたとの届け出があり、事情を聴いた。

「本日午後三時ごろ、A建設会社の社員だという四十歳ぐらいで、中肉中背の色黒の男が見え、『F町に工事現場がありますが、そこにビール八ダースと清酒六本を届けてほしいのです。ビール券の百枚は私が預かっていきますが、代金は会社で支払うことになっており、そちらに請求してくれませんか』という注文があったのです。F町にA建設の工事現場があるのがわかっていたため、商品券を渡してビールと酒を届けましたが、会社では注文しておらず、だまされたことがわかったのです」

同様の手口の犯罪が各地に発生しており、人相からして同一人の犯行のように思われたため、酒屋さんの組合を通じて犯罪の予防と捜査の協力をお願いした。犯罪手口によって該当する人物を調べると、三か月前に出所しているBさんの犯行の疑いが濃厚になってきたが、行方はわからない。

数日した時H商店の奥さんから、いま、手配のあった男が店に見えており、主人に耳打ちされて隣の家から電話しているところですが、酒とビールとビール券の注文があり、その包装をしているところです、との電話があった。

男が店を出てきたので、あなたに似た男に酒やビール券をだまされたという届け出があったんですが、持ち物を見せてもらえませんか、と職務質問をした。持っていたカバンをしぶしぶと開くと、その中に熨斗《のし》のついた百枚のビール券が入っており、だまし取ってきたことを認めたために現行犯逮捕した。

「どうしてビール券をだますようになったのか、だまし取ったビール券をどのようにするつもりだったのか、そのことを話してくれませんか」

「刑務所を出ても仕事がなかったし、工事現場の近くを通った時みんながお茶を飲んでいたのです。それにヒントを得て近くの酒屋へいき、建設会社の名前をいうと信用したので酒やビールを届けさせることとし、ビール券がほしいというと疑いもせず出してくれたのです。受け取ったビール券は金券屋で処分して生活費にあてていたが、捕まったんじゃ刑務所に戻ることにするよ」

裏づけをとるために金券屋にいったが、毎日のようにたくさんのお客さんがやってきており、だれから何を買い入れたかいちいち覚えておりません、という返事であった。

四十歳を過ぎている男は四回も刑務所に入っているが、世間の人が考えているほど住みにくくないのかもしれない。男には罪の意識はまったく見られず、再犯のおそれがあっても満期になれば出所になり、ふたたび罪を重ねるのではないか。

元教員のクレジット詐欺

たくさんのカードが市中に出回っているが、それらが犯罪に利用されたりする。クレジットカードにもいくつかの種類があり、買い物をすることもできれば現金を借りることだってできる。カードが普及するにつれてクレジットの未払いや他人のカードを利用するなどの犯罪が増えている。

他人になり済まして国民保険証を取得し、これを利用してクレジットカードをつくり、商品や金券をだまし取っていた主婦がいた。名前を使われた主婦は業者から催促されてびっくりし、首実験をして人違いと判明したが、どうしてこのようなことが起こるのだろうか。

この主婦は街を歩きながら表札を見て家族構成などを調べ、マーケットリサーチと称して電話をかけ、主婦にいろいろと質問をして国民健康保険に加入しているかどうか調べていた。健康保険に加入していない時には、実在の会社名を利用し、「社会保険喪失届」を偽造し、国民健康保険に切り替えていたという。

クレジットカードは、紛失届や盗難届を出せば保険金で穴埋めができる仕組みになっているという。一定の金額以下であれば保険会社の調査も形式だけになっているため、容易に犯罪に利用できるらしい。

Aさんの名義で高級なカメラが入質されており、番号などによってメーカーに照会すると、市内のGカメラ店に出荷されているとの回答であった。被害の届け出はなされていなかったが、Aさんにクレジット販売されており、代金の八万五千円は頭金が支払われているだけであった。

警察から連絡を受けた信販会社では、早速、被害の届け出にやってきた。

「両親と話し合って円満に解決しようと思ったのですが、どうしても示談に応じようとしないのです。元村長だという実家は資産家ですが、近所の人の話によると父親はけちということだし、あっちこっちの信販会社が引っかかっていることがわかったため、届け出るほかないと思ったのです」

実害は信販会社にあるとしても、詐欺の被害者はカメラの販売店であり、主人から信販会社との契約について事情を聴いた。

「私のところは信販会社と契約しており、お客さんが信販会社の会員になっていれば、クレジットカードで購入することができるのです。お客さんに支払える能力があるかどうか、それは私のところで調べるわけではなく、支払いがとどこおったとしても私のところの損害にはならないのです。Aさんの限度額は四十万円になっていますが、すでに二百万円以上の買い物をしているようです」

信販会社がどのような調査をして会員にさせるのかわからないが、支払いをとどこおらせる会員は少なくないようだ。Aさんの身辺捜査をして明らかになったのは、N信販会社の会員になっていただけでなく、他の信販会社の会員にもなっていた。双方の信販会社が取り扱っていた購入代金の総額は三百万円を超えており、ほとんどがバッタ屋に廉売《れんばい》されたり、入質されていた。競輪や競馬などのギャンブルに凝っているとの情報もあり、さらに内偵をすすめることにした。

Aさんの所在が判明しないため、逮捕状を得て追跡捜査をつづけ、競輪場や競馬場で張りこむなどした。写真を所持していたもののそれだけで確かめるは容易ではなく、似た人がやってくると尾行するなどした。三日ほど張りこみをつづけていた時、Aさんに似た人が見えたので職務質問をしたが、人違いであることを主張していた。

「ここに写真がありますが、Aさんに間違いないようですね」

「私は、何も悪いことはしていませんよ。おやじが支払ってくれると思ったから買い物をしたが、金を出してくれなかったからこんなことになってしまったんだ」

「一流の大学を出て高校の教師になったというのに、どうしてこんなことをするようになったんですか」

「友達に誘われて競馬にいき、大穴を当ててから病み付きになってしまい、教員を辞めざるを得なくなったのです。教材会社に勤めたが金を使い込んでクビになり、信販会社の会員になってクレジットカードを利用するようになったのです。留置場に入れられても金がなく、母親に金を送ってくれるように電話してもらえませんか」

父親に逮捕した旨を告げると、家系にドロを塗るようなことをしたんだから、警察で好きなようにしてくれませんか、といって一方的に電話を切られてしまった。母親とは連絡をとることができず、父親と息子との間が険悪になっていることがわかった。

「留置場で金を持っていないのはおれだけなんだよ。本を読みたくとも買えないし、お菓子だって食べられないんだよ。すみませんが、おやじにわからないように母親に連絡して金を差し入れるように伝えてもらえませんか。留置場で聞いたんだけど、示談になると執行猶予がつくということですが、それはほんとうのことですか。刑務所にはいきたくないからおやじに頼んで金を出してもらいたいんです」

「そんなに刑務所にいくのがいやなら、人をだますようなことをしないことだね。反省しているといっても、こんな泣き言をいっていたのでは信用できませんね」

「競輪をするためにサラ金から借りたのがまずかった。もうかったら返すつもりでいたが、どうすることもできなくなってしまったんだよ。サラ金の取り立てが厳しかったものだから、あっちこっちの信販会社を利用するようになってしまったんだ」

Aさんは、謝罪の意を込めて何度も父親に手紙を書いていたが、長男の心を見透かしているかのようになしのつぶてであった。夫には内緒だといって母親が現金を差し入れていったが、被疑者がどのように考えたかわからない。

ギャンブルに狂った一人の男の犯行といってしまえばそれまでだが、それ以外に原因はなかったのだろうか。父親には厳しくしつけられ、母親には甘やかされて育てられたというから、それが子育てに影響していたかもしれない。被疑者の話によって家庭内の一端を知ることができたが、じっくりと親子で話し合うことができたら、それがまじめに生きる切っ掛けになるかもしれない。

高くついた痴漢の代償

犯罪捜査に携わっていると、世の中の隠された部分をのぞいたり、恥部に触れたりもする。むかしから、飲む、打つ、買うというのが放蕩《ほうとう》の代名詞のようにいわれてきたが、これらに熱中してしまうと理性で押さえることができなくなり、犯罪を犯すことにもなりかねない。それが証拠に、アルコールやギャンブルや婦女暴行などによって逮捕され、処罰を受けてもやめられず、身の破滅を招いてしまう者が少なくない。

ある日、五十をいくつか過ぎていると思われる紳士風の男が、弁護士さんに伴われてやってきた。顔面が蒼白で何もしゃべろうとしないため、どんな用件でやってきたのか見当がつかない。弁護士さんの話によると、二か月ほど前、映画館で娘さんの手を握ろうとしたら誤って大腿部に触れ、そのことで五十万円を脅し取られ、その後も要求がつづいているという。

概略のことがわかったので被害者から事情を聴いた。

「映画が終わったのでそのまま家に帰り、翌日、学校にいった時、若い男の声で『ゆうべ、映画を見にいきませんでしたか』という電話があったのです。いきましたと返事をすると、二週間ほどした時、『どうしておれの女に手を出したんだ。落し前として五十万円を出してもらいたいんだ。いやだというんなら、教育委員会に話してクビにしてやるぞ』という脅しの電話がかかってきたのです。断わると、『てめえのやっていることは、センコウ（先生）の面汚しだ。まさか、サツ（警察）にたれ込もうというんじゃないだろうな。また、電話するぞ』といって一方的に切ってしまったのです」

「それからどのようになったのですか」

「二日後に電話があり、『F銀行のM支店にGという名の普通預金口座があるから、それに五十万円を振り込め。あすまでに振り込まないと、その時には教育委員会に知らせるだけだ』という電話があったのです。振り込まないとどのようにされるかわからず、いわれるまま五十万円を振り込んだのですが、それから半月ほどした時、また電話がかかってきたのです。『五十万円じゃ足りないんだ。あすまでに五十万円を振り込めば、こんどこそ勘弁してやるよ』といってきたため、銀行で男の住所を調べたが、そこにはだれも住んでいないんです。何度も脅しの電話がかかってくるために弁護士さんに相談し、警察に届けることにしたのです」

電話をしてきた男に心当たりはないというが、相手は学校や教頭先生のことをよく知っていたという。被害者がもっとも恐れていたのは、教育委員会に知られることと、新聞に出されることであり、内密に調べてもらいたいという。知られないように捜査することはできても、検挙になった時に報道されない約束はできなかった。

銀行では、キャシャカードの申し込みを受け付けた時、原則としてカードを郵送することになっていた。ところが若い男は行員に対し、仕事に出かけていて留守にしているので受取りにきます、といって窓口で受け取っていったという。

申込書に記載されていた文字はわざと筆跡を変えていたようだし、日時が経過していたために伝票から指紋を採取することもできない。窓口事務をしていた女子行員も犯人の人相などを覚えておらず、住所も架空のものになっており、付近の聞き込みからも犯人に結びつくような話を聞くことができなかった。五十万円が払い戻されていたのは都内の銀行であり、ますます手がかりがつかみにくくなっていた。

捜査の資料はいたって少ないため、電話がかかってきた時録音しておくように頼んでおいた。

すると数日後、学校に電話がかかってきたので自宅にかけ直すように話し、録音に成功したといい、先生がテープを持参してきた。

「承知するのかしねえのか、どっちなんだ。それとも、教育委員会に知らせてもいいというんかね。あと五十万円を出せば、こんどこそ勘弁してやるよ。振り込むか、教育委員会に知らせた方がいいか、お前の出方によってどうにもなるんだぜ」

「そうたびたび要求されたって、金の都合がつかないんだよ。あなたの普通預金口座を調べたけれど、そこにはだれも住んでいないじゃないですか。もっと金を出せというんなら、電話ではなく私のところにやってきたらどうですか。もう、電話の要求には応じることはできませんね」

「ふざけたことをいうじゃないか。てめえのようなセンコウがいるから、おれみたいに出来の悪いやつができてしまうんだぞ。勘弁してくれといっても、あと五十万円振り込まなければ勘弁できないや」

「いくら勘弁できなくても、こっちだって腹を固めてしまったんだよ。すでに警察に届け出て調べてもらうことにしたし、これからは録音することにしたんだ」

録音されていたのは、このようなやり取りであった。テープが貴重な資料となり、何人もの捜査員で聞いたけれど、思い当たるような人物が浮かんでこなかった。被害者が警察に届け出たと話したせいか、その後は脅迫の電話はなく、教育委員会に知らされることもなかったという。

引き続いて捜査が行われたが犯人の目星がつかない。犯人が逮捕されればいつまでも隠しておくことができず、新聞で報道されてしまうかもしれない。そうなれば先生の身分にかかわる事態になるかもしれず、先生が望んでいた方向に向かいつつあった。

告訴された社員の逆うらみ

前科があるということは、有罪の判決を受けた証《あかし》であるが、これとてまれにはえん罪ということもある。知能犯人は巧みに法網《ほうもう》をくぐり抜けており、どんなに悪いことをしていても、犯罪が証明できなければ検挙することはできない。おれは法にふれるような悪いことはしていない、と豪語するる詐欺師もおり、知能犯罪にあっては捕まらない詐欺師の方が悪質といえなくもない。

きちんとした身なりをし、高級なカバンを下げた中年の男が捜査二課に見えたが、だれかわからない。「きょうは署長さんはお見えにならないようですが、いつも懇意にさせてもらっているんです。こんなちっぽけな事件で警察の手をわずらわしたくなかったのですが、まじめに働いている従業員の手前もあり、告訴することにしたのです」といって課長に名刺を差し出すと、課長は丁重なあいさつをした。

課長にいいつけられて事情を聴くことになり、「L食品株式会社」の名刺を手にした時、詐欺師たちから「先生」と呼ばれている人物であることがわかった。過去にどんなことをしていたかわからないが、特別な興味を抱いてしまった。

告訴状を手にすると、カバンのなかから大きなライターを取り出し、タバコに火をつけてから机の上に置いた。ライターには「F代議士後援会」の金文字が入っていたが、どうして管外の代議士の後援会に入っているのか疑問に思ってしまった。そのことを尋ねると、地元の代議士には力がないためにF代議士の後援会に入っており、親類や知人や取引先などに応援を頼んでいるんです、といった。

以前、選挙違反の捜査をしたときF後援会に入っている人を取り調べたことがあり、管内においても幅広く組織されていることを知った。

告訴人の中には、民事で争ったのでは手間や費用がかかるというので警察に告訴してくるケースがある。社長さんがどんな意図でやってきたかわからないが、使い込みが発覚してから半月以上も経過していた。いずれにしても使い込みの容疑があっては告訴を受理せざるを得ず、提出された帳簿や伝票類を調べたり、関係者から事情聴取するなどした。

使い込んだ金額は数百万円になっており、裏づけることができたために逮捕状を得て追跡捜査をした。情婦のところにひそんでいたことがわかって逮捕したが、悪びれた表情を見せることはなかった。

「まさか、社長が告訴するとは思わなかった。金を使い込んだんだから捕まるのは仕方がないが、警察は、どうして大物の詐欺師を捕まえないんかね」

「捕まえるためには、詐欺をしていたことを証明できなければならないんだよ」

「それだったら、仕入れるとウソをついてトラックに一台の商品を届けさせ、降ろさせてから難癖をつけてキャンセルにし、困った相手から安くたたいて仕入れたりしているんですよ。立派な社長だといっている人もいるけれど、むかしはバッタ屋をやっており、インチキな営業をしながら会社を大きくしてきたんですよ。ほんとうのことはわからないが、在庫の商品を火災で焼いて多額の保険金をだまし取ったこともある、という話を聞いたこともあるよ」

被疑者は自分のことより、告訴されたことがおもしろくなかったらしく、さかんに社長さんの悪口をいっていた。

課長が、犯人が捕まった旨を社長さんに伝えると、すぐに捜査二課にやってきた。

「いろいろお世話になりました。これから署長さんにお礼をいって帰るつもりですが、新聞には出さないようにしてもらいたいのです」

課長は約束していたが、結局、新聞発表せざるを得なくなってしまった。

各紙の地方版に載ったため、社長さんから課長に抗議の電話がかかってきた。電話の向こうの社長さんに平謝りに謝っていたが、課長も立派な実業家と思っていたらしかった。

文無しになっていた被疑者は、さかんに現金の差し入れを求めていたが、金の切れ目が縁の切れ目らしく、同僚の返事もそっけないものであり、情婦も面会にやってこなかった。新聞を見たといって奥さんがやってきたが、手にしていたのは離婚届であり、重大な問題であったが拒否する理由が見当たらず、立ち会って面会をさせた。

「情婦がいただけでなく、使い込みをして逮捕されたんでは、これ以上我慢することはできませんよ。離婚届を持ってきたからサインしてくれませんか」

被疑者は一言も発することなくしぶしぶと離婚届にサインしたが、夫婦が夫婦でなくなった瞬間はあまりにもあっけないものであった。

後でわかったことだが、被疑者の父親に損害の賠償を求めたが拒否され、そのために告訴に踏み切ったらしかった。被疑者が逮捕になるとふたたび父親に返済を求める交渉を始めたというから、民事で争うより告訴する方が債権回収に都合がいい、と考えていたのかもしれない。

弱みにつけ込む占い商法

ギャンブルに凝った広告会社の支店長が大金を使い込み、発覚寸前に逃走した。会社からの告訴によって捜査をはじめたが、集金した金やギャンブルで払い戻しを受けた金などでやり繰りしていたらしく、使い込んだ金額を容易に明らかにできなかった。帳簿や伝票類を日付順に整理して出し入れを照合していき、ようやく三千万円余の業務上横領の事実を裏づけることができた。

全国に指名手配して追跡捜査をしていた時、占い師となって印鑑を売っているらしいとの聞き込みを得た。勤め先の印章会社がわかったが、この会社にはたくさんのセールスがおり、あっちこっちのデパートで印鑑の出張販売をしており、都内のSデパートで営業していることがわかった。

Sデパートにいったところ、二階のロビーの片隅で礼服をまとった二人の占い師が天眼鏡を手にして客の手相を見ていた。一人の男は髭《ひげ》を生やしており、もう一人は痩《や》せ型であったが何歳ぐらいかはっきりせず、持参していった写真と見比べてみたものの、髭を生やしていたから別人のように見えてしまった。情報が間違っていたかもしれないと思いながら張り込みをつづけ、男が立ち上がった時に初めて表情に変化が見え、手配写真に似ていたために職務質問をした。Aですがといったが、偽名を使っていることがわかっていたため、すぐにばれてしまい、使い込んだ事実を認めたために通常逮捕した。

本署に連行して取り調べをすると、集金したり銀行から借り入れた金をギャンブルに使い、もうかった時に穴埋めをするなどしていたという。どのくらい使い込んでいたかわからないと供述していたが、資料によって明らかになっていたのは三千五百万円であった。帳簿類と照らし合わせながら取り調べをし、業務上横領の捜査が一段落したため、逃走してからどのような生活をしていたか追及した。

「会社の監査が近づいてきた時、使い込みがばれると思ってしまい、辞めるつもりで無断欠勤をつづけたのです。警察に追われていると思うと家に戻ることができず、偽名を使ってあっちこっちで住み込みで働いていたが、二か月ほど前から印章の販売会社の占い師になり、現在にいたっています」

「どうして、占い師になったのですか」

「新聞広告を見て応募すると、費用は会社の負担で温泉旅館に宿泊して三日間の特別講習を受けたのです。印鑑のメーカーですから印章はもちろんですが、販売網を広げるために占いについても徹底した講習を受けたのです。占いについてはいろいろのマニュアルができており、それを覚えるだけでなく、接客の作法についても教養があったのです。占いは印鑑を売るためのものであったから、お客さんの信用を得るための口上をしなければならなかったのです。講習を終えるとデパートなどに配置されましたが、慣れるにしたがって口上がうまくなり、印鑑を売ることができるようになったのです。歩合制度がとられていたから印鑑の売上げが伸びると、収入も多くなったから悪い仕事ではなかったのです」

「印鑑の価格は、どのように決めるんですか」

「いかに高く印鑑を売りつけるか、それが会社の方針になっていたようです。占いが無料になっていますが、占ってもらうだけで帰ってしまう人は少なく、そのために印鑑を売ることができるわけです。いろいろな相談事がありますが、天眼鏡を取り出して手相を見ながら質問していくと、どんな悩みを抱えているかわかってくるのです」

「どのように占うのですか」

「手相は生命線、頭脳線、感情線、運命線の四つの線が基本になっているため、『あなたの運命線はしっかりしてよく伸びていますから、健康で長生きすることができますよ』という話をしたりするのです。印相については、『いつまでも相性のよくない印鑑を使っていると不幸に見舞われるから、家相に合う印鑑をつくってあげましょうか』と持ちかけたりするのです」

「押し売りをするようなことはないんですか」

「ノルマがあるから無理をすることもありますが、訴えられるようなひどいことはしていませんよ。いままでの印鑑に代えてこの印鑑を使えば、不幸を追い払うことができるようになりますよ、などというと多くの人が注文してくれました」

「どんな方法で印鑑を売るんですか」

「家庭環境やその人の考えなどがわかると、その人にふさわしいような話をして値段を吊り上げたりするのです。大小のセットにして数倍の値段をつけたり、一万円のものを十万円で売ったこともありましたが、口上一つでどのようにもなるんです。占ってもらう人は何らかの悩みを抱えており、マニュアルのとおりの話をすると、多くの人が納得してくれるようです」

「おかしいと思ったことはありませんか」

「捕まったからほんとうのことがいえますが、同僚が辞めたいといい出した時、講習にかかった費用として三十万円を要求されたことがありました。インチキな会社と思ったが行き場もなかったし、売上げに応じて歩合がついており、高給を得ることができたのでいやいやながら勤めていました」

たとえ会社の実態がインチキなものであっても、占い師を信じて悩みを打ち明け、ついには高い印鑑を買わされてしまうというパターンになっていたらしい。どちらにもメリットとデメリットがあるし、当たるも八卦、当たらぬも八卦といわれているから大きなトラブルにならないのかもしれない。

インチキな商売ということがわかっていても、それによって助かる人がいると思うと、それほど心がとがめられないのかもしれない。

暴力団幹部の保険金詐欺

暴力団は覚せい剤を取り扱ったり、飲食店から「みかじめ料」と呼ばれる用心棒代を巻きあげたり、ノミ行為（私設馬券売り等）をしたり、債権の取り立てや紛争の仲介をするなどして資金をかせいでいる。暴力団の対立抗争によって市民が巻き添えになることもあれば、政治家や警察官に魔の手が伸びたりもする。風評などによって聞き込みをしても、暴力団員とのかかわりを恐れて捜査の協力が得られず、はがゆい思いをさせられることがしばしばある。

警察が暴力団犯罪の情報を欲しがっているように、暴力団だって捜査情報を欲しがっている。暴力団のことをよく知っているのは、暴力団員や関係者であるため、どのように情報を収集していくかが課題になっている。捜査の協力者と思っていた者から捜査の情報が暴力団に漏れてしまうこともあり、聞き込みに当たっては人を選ばなくてはならない。

マイカーで聞き込みに出かけた時、顔見知りの社長さんが洗車をしていたので立ち寄った。又聞《またぎ》きの話だからと前置きをし、わざと交通事故を起こして保険金をだましている暴力団員がいるらしい、という話をしてくれた。だれが保険金詐欺をしているかわからなかったが、数日した時、保険会社のセールスが若い警察官のところに勧誘にやっきた。それとなく尋ねると、何も知らないとの返事であったが、答える時に不自然なものを感じたため、追跡捜査をすることにした。

社長さんから聞いた話が一つの点だとすれば、保険のセールスの言動だって一つの点ということになる。点と点が結びつくかどうかわからないため、顔見知りのセールスマンを訪ねて保険会社へいった。

「暴力団員がわざと交通事故を起こし、保険金をだましているという話を聞いてやってきたのですが、そんな話を聞いたことはありませんか」

「おかしいと思う事故はありますが、わざと起こしたものかどうかとなるとはっきりしませんね」

具体的な話をしてくれなかったが、いくつかの事故の中に暴力団幹部のGさんの名前があった。Gさんについて内偵すると、もぐりの運送業者のKさんとつき合っており、二人は大型のトラックでリンゴをだましているらしい、ということを聞き込んだ。

バッタ品を取り扱っている業者や市場について調べると、運送業者のKさんの名義で大量のリンゴがT市場に売られていた。早速、「品あり持ち主を求む」の刑事日報によって被害の有無を調べると、輸送目的で商品をだまし取る手口の犯罪が各地で発生していた。

リンゴをだまし取られていたのは青森県のH中央市場のみであり、「被害通報票」の写《うつ》しを取り寄せると、犯行に使用された車はKさん所有のトラックと同型のようであった。ところが、被害者が控えていたのは栃ナンバーであり、犯行のあった二日前にナンバーだけ盗まれていることがわかった。犯人を確認してもらうため、暴力団員のGさんと運送業者のKさんの写真を青森県警に送ったが、薄暗いところで見たために確認できないという。

リンゴの仕入れ先を確認するため、Kさんの任意出頭を求めて事情を聴くことにした。

「大量のリンゴをT市場に販売しているが、どこで仕入れたのですか」

「……」

「返事ができないということは、何かやましいことがあるからですか」

「実は、青森県の市場へいき、東京まで運んでやるといってだましたのです」

「だれかと一緒でしたか」

「私が一人でやったのです」

「青森の市場では、二人でやってきたといっているんですが」

「……」

どのように追及しても共犯者の名前を明らかにしようとしないため、Kさんの奥さんから事情を聴き、Gさんと二人で北海道に出かけていたことがわかった。

「どうして、Gさんを助手に頼んだのですか」

「Gさんは北海道の出身ですし、北海道まで運ぶ荷があったので助手に頼んで出かけたのです。栃木までいった時『車を止めてくれ』といわれたため、何をするんですかというと、『帰りの車が空車になってはもったいないから、荷物を積んで帰る準備をしておくのさ』といい、大型のトラックのナンバープレートを盗んできたのです。どこへいけばどんな荷が手に入るか知っていたようでしたが、当てにしていた魚の漁期が過ぎていたらしく手に入れることができなかったのです」

「それでリンゴになったわけですか」

「青森まで戻ってきた時、運搬する荷物をあっせんする業者を見つけ、H中央市場を紹介してもらったのです。ナンバープレートを付け替えて市場にいき、『あっせん業者に紹介されてやってきたのですが、東京まで運ぶ荷はどこにありますか』というと、ナンバーをチェックしただけでフォークリフトを使って五百箱のリンゴを積んでくれたのです」

Gさんも共犯者として逮捕し、リンゴの詐欺事件が一段落したため、保険金詐欺事件の捜査に取りかかった。

Gさんは四件の交通事故を起こし、数百万円の保険金を受け取っていたが、現に事故は発生していた。交通事故に使用された自動車はすべてC自動車で販売されていたため、社長さんから事情を聴いた。

「どうして暴力団のGさんに自動車を販売していたのですか」

「昨年、Gさんの自動車の修理をしたことがあり、代金を請求したところ、イレズミをちらつかせ、『ポンコツの車を貸してくれれば、修理代を支払ってやるよ』といわれて仕方なく貸したのです。その自動車が交通事故を起こした時、金が入ったといって修理代と車の代金をいただくことができたのです」

「すると、販売したのではなく貸したということですか」

「ポンコツの車を貸すと事故を起こしてしまい、修理に持ってきては別の車を持っていったのです。何度もつづいたためにおかしいと思って断ると、『すでに保険金詐欺の仲間になってしまったんだから、抜けることはできないんだ。貸せないというんならこの工場をぶち壊すまでだ』と脅され、ずるずると貸しつづけてしまったのです」

三十万円で買ったポンコツの車に保険をかけ、三百万円の保険金を受け取っていたことが明らかになった。それでも認めようとしないため、いくつもの証拠を突きつけて追及すると、ようやく重い口を開いた。

「おれは詐欺師とも付き合いがあるし、仲間からいろいろな情報が入ってくるんだよ。どのようにすれば金もうけができるか、どうすれば捕まらないようにできるか、いつも、そんなことを考えているんだよ。仲間の中には手形を取り扱ったことのあるやつもいれば、保険のしくみに詳しいやつもおり、いろいろとさまざまな情報が入ってくるんだよ。どこの銀行のだれが不正融資をしているとか、どこの社長に情婦がいるとか、そんなことがみんな金もうけのネタになるんだよ」

これらの話が裏づけられるように、運送業者のKさんも自動車修理業者のCさんも、保険会社のセールスのHさんもみんな暴力団に弱みを握られていた。暴力団幹部であることを知らずにGさんを助手に頼んだばっかりに、もぐりの運送業者のKさんは子分のようにこき使われていた。

逮捕を免れたものの、自動車修理のCさんも詐欺の共犯として取り調べられたし、暴力団幹部の情婦に手を出したHさんが三百万円の大金を脅し取られていたこともわかった。Aさんの供述によって、二人の暴力団員が北海道で保険金詐欺をしていたことがわかり、共犯として逮捕することができた。リンゴの詐欺事件の強制捜査に踏み切ることができなかったら、保険金詐欺事件の解明は困難になっていたに違いない。

女社長のニセ株券事件

二

ニセ札やニセ株券をつくっても、それがばれないとなると巨万の富を築くことができる。どんなに精巧につくられていても、ばれないニセ札やニセ株券をつくるのはむずかしいらしく、世間を騒がせることになる。

質屋の主人から、この株券は本物でしょうか、との相談があった。一流の企業の株券にしてはちゃちなものだと思いながら証券会社を訪れたが、そこにはその会社の株券の現物がなかった。

翌日、真偽を確かめるため東京の本社へ出かけていったが、A社の株券は三年前から新株と切り替えられており、入質されていたのは旧株券であった。見本の株券と対照したところ、素人でも分かるほどの違いが見られ、鑑定のうえ本格的な捜査に乗り出した。

ニセの株券を入質していたのは貴金属や羽毛ふとんや外国製品を取り扱っている会社の女性社長であった。罪に問えるかどうかわからなかったが、とにかく、任意出頭を求めて事情を聴取することにした。女社長は高級な外車で乗りつけ、高価な衣服を身にまとっており、大きなダイヤの指輪をはめ、悪びれた表情はまったく見せずにやってきた。

「この株券を入質したのは、あなたに間違いありませんか」

「私が質屋さんに持っていきましたが、何かあったんでしょうか」

「この株券は、どこで手に入れましたか」

「A社の人ですけれど、その人の名前はいうことができません」

「いつ頃、何枚受け取ったのですか」

「一年以上前になりますが、受け取ったのは全部で二十通でした」

「どのような経緯で手に入れたのか、差し支えなかったら話してくれませんか」

「だれから受け取ったのか、どんな理由か、それを話すことはできませんが、本物と思ったから質屋さんに持っていったのです」

二十通の株券のうち入質されていたのは三通のみであったが、いずれも番号が異なっていた。女社長の供述に不審がもたれたが、それを質《ただ》す資料の持ち合わせがなく、残りの株券の任意提出を受けて継続捜査をすることにした。

それから数か月した時、A社からの連絡によって同じようなニセ株券が銀行の担保に入れられていることがわかった。銀行へいって事情を聴くと、十年ほど前にS代議士から女性の社長を紹介され、話を聞いているうちにあまりにも博学なのでびっくりさせられ、外国のことに詳しいだけでなく、政治や経済にも明るく信用できる人物と思って取引をすることにしたという。

その後、会社が移転したらしくしばらく姿を見せなかったが、一か月ほど前に金を借りにきたので株券を担保に貸したが、約束の期日になっても返済されないために株券を調べ、偽造されている疑いがあったためA社に問い合わせ、ニセの株券と判明したという。

銀行に担保に入っていた株券も、さきに入質されていた株券も表面は寸分の違いもなかったが、裏面は明らかに異なっていた。それだけでなく、工作した跡が見られたため、有価証券偽造同行使の疑いで捜査を開始した。

ふたたび社長さんの任意出頭を求め取り調べると、前の株券はすべて警察に提出してあり、こんどのは本物の株券だと主張していた。確かに裏面は前の株券とは異なっていたが、表面は寸分の違いもなく偽造された株券を使用していた疑いが濃厚になってきた。

「あなたが認めないとしても、偽造された株券を銀行に担保に入れていることは間違いのないことなんです。前に任意提出してもらった時、偽造された株券であることの説明をしており、いくら否認をしていても、このような状況になっては逮捕状を請求するほかありませんね」

初めての逮捕であれば大きなショックを受けるかも知れないが、この社長さんには二つの詐欺の犯罪歴があったが、いずれも起訴猶予になっていた。

午後から被疑者の自宅と会社の捜索をしたが、デラックスな什器や家具などがあるだけでなく、事務所には横文字で書かれたたくさん帳簿や伝票類があった。英語だけでなく、ロシア語やフランス語と思われる文書もあれば、著名な政治家や大学教授などの書簡もあった。

詐欺師の中にはハッタリで外国語を使う者がいるけれど、それとは異なっているようだった。そのほかにたくさんの宝石類があったが、それだってイミテーションなのか本物なのかわからなかった。和文と英文のタイプライターもあり、どのような生活をしているか見当もつかなかった。

押収した証拠資料はダンボール箱で十二個を数えたが、書類の半数は横文字で書かれていたから内容がわからない。貴金属も百点以上にのぼっていたが、真偽の判断さえすることができなかった。肝心の株券に関係があると思える資料は一つも発見されず、捜査の難航が予想された。

逮捕した事実についてはすべて否認しており、食事をとろうともしない。断食をつづけている女性の取り調べにてこずってしまったが、世間話を加えているうちに徐々にほぐれるようになった。

「ニセの株券をどのようにして手に入れたのか、どうしてしゃべることができないんですか」

「香港へいけば、ニセ札やニセの株券をつくることを商売にしている人だっているんですよ。それらを密輸入している者もいるから簡単に手に入れることができるんですが、私が手に入れたのはそのようなルートじゃないんです」

「それだったら、だれから手に入れたか話してくれたっていいじゃないですか」

「その人に迷惑をかけてしまうから、いうことはできないんです」

ウソをついていると思われたが、それが証明できないかぎり犯罪だと断定することもできない。ようやく食事をとるようになったが、株券については否認をつづけるのみであり、自供を得るのが困難であった。被疑者に十日間の勾留が認められた時、語学の堪能の若い検事さんが応援に見えて書類の検討をはじめた。

警察では職業別電話帳によって印刷会社をシラミつぶしに洗ったところ、一部の印刷を頼まれた業者のいることがわかった。

「会社名だけ印刷した業者がわかったのですが、どうして一部分だけの印刷を頼んだのですか」

「それに答えることはできませんね」

検事さんの話によると、横文字の書類は中近東やロシアやフランス関係の書類がほとんどだという。貿易商をしているというからこのような書類があっても不思議ではないが、株券の偽造の捜査資料にならないものばかりであった。

「Mさんは、いくつの国の言葉を話すことができるんですか」

「アメリカのハイスクールを出ているから英語が話せますし、フランス語やロシア語を話すこともできるんです」

「それでは、〝ガッテン〟というのがわかりますか」

「係長はおかしな言葉を知っていますね」

「私は特攻隊員として沖縄の戦いに参加し、一年三か月の間アメリカ軍の捕虜になっていたんです。たくさんのアメリカ軍の兵隊と話し合っているうちに、言葉だけでなくアメリカ人の考えがわかるようになったのです」

　こんな話をしていた時、ふとんメーカーの社長さんが見えたので、取り調べを中断して話を聴くことにした。

「M社長が捕まったという新聞を見てやってきたのですが、私のところでは三十枚の羽毛ふとんを頼まれているんです。持ってきた羽毛というのはにわとりの羽でしたが、代金の支払いは外国から一万ドルが入金になったら支払うといい、外国為替を見せてくれたのです。ダイヤの指輪をしていたり、立派な服装をしていたので信用して引き受けたのですが、いまだ代金をもらうことができないんです。預かっていた外国為替のコピーをとってきましたが内容がわからず、相談にやってきたわけです」

　外国為替のコピーを見て英和辞典をひもといたが、わかったのは一部に過ぎなかった。銀行に保管されていた為替伝票と照合すると、金額欄を改ざんしており、数字は事務所のタイプライターを用いているものと思われた。羽毛ふとんは知人などに販売されていたが、ほとんどがにわとりの羽であり、原価の十倍ぐらいの値段であることもわかった。

再勾留が残り少なくなった時、担当の検事さんから電話があった。

「ニセの株券については有価証券偽造で起訴することも可能だが、為替伝票を改ざんしていることが明らかになったから、私文書偽造同行使で再逮捕したらどうかね」

検事さんの指示によって再逮捕して取り調べをした。

「羽毛ふとんに入っていたのはにわとりの羽だし、業者に見せた為替伝票は事務所にあったタイプライターを使って、数字を改ざんしていることがはっきりしたんですが」

「でも、代金は支払うつもりでいました」

「支払うつもりでいるといっても、支払えるあてはあるんですか」

「東京にある土地を処分すれば、一億円以上の金になると思うんです」

最初にその話が出ていればともかく、この時期になって話が出たものだからウソではないかと思ってしまった。それでも調査をすると、被疑者が供述している通り、都心の一等地に広大な土地があったのでびっくりしてしまった。

「たしかに、土地を処分すれば支払いは可能かもしれないが、文書を偽造した事実を変えることはできないんです。為替伝票はどこで手に入れたのですか」

「私は貿易の仕事をしており、それは商品の代金として受け取ったものです」

私文書偽造同行使についても否認しており、自供を得るのはむずかしかった。こんな時、どんな印鑑でもつくる便利屋さんのいることがわかった。

「おたくでは、Mという女の社長さんからA社の印鑑を頼まれたことはありませんか」

「私どもでは身元を確認していませんし、お客さんのプライベートに関することについてはお答えすることができませんね」

印鑑をどこでつくったか明らかにできなかったが、残り部分の印刷業者が判明したため、そのことについて追及することにした。

「どんな印鑑でもつくるルートがわかったし、株券を印刷していたところもわかったが、それでも株券を偽造していないというんですか」

「私には黙秘権があり、いいたくないからいわないだけですよ。罪になるというんなら、警察で証明すればいいことじゃないですか」

否認のまま二つの事件とも起訴されたが、起訴されると被疑者の態度に軟化が見られるようになった。否認を貫く姿勢には変わりはなかったが、拘置所に移されることになった時、いままで抱き続けていた疑問を投げかけてみた。

「どうしてたくさんの土地を持っていたり、いくつもの外国語を話すことができるんですか」

「実は、戸籍上の両親はほんとうの親ではないんです。それを知ったのは高校生の時でしたが、大きなショックを受けてしまいました。それを知った実の父親が私をアメリカに留学させ、いくつもの大学で勉強することができたのですが、いままでだれにもこんな話はしなかったのです。これでなぞが解けましたか」

だれにも話さなかったと思われる身の上話を聴くことができたため、財界の大物や大学の教授から書簡があったことが理解できた。黙秘をつづけている女性の社長さんの話であったが、これでなぞが解けたでしょうか、といった時、その言葉を信ずることができた。

信用組合の不正融資の報い

信用組合や信用金庫というのは、商店主や中小企業やサラリーマンなど庶民にとって身近な金融機関である。ところが、その体質からして融資が顔や情実に左右されかねず、不良貸出しなどによって経営の健全さが失われたりする。

新聞の地方版に、経営危機が表面化したために理事長らの役員が全員辞任し、新役員によって再建がすすめられているという記事が載っていた。不正融資による焦げつきは多額にのぼっており、この中には役員個人による保証もあれば、担保もとらずに政治家や公務員に貸付ているものもあり、担保物件を処分しても再建は不可能だという。

不正融資にはいろいろあるが、その最たるものが企業の体質にあるのかもしれない。政治家の恩恵に与《あずか》ろうとしたり、内部の不正を暴力団にかぎつけられて融資せざるを得なかったり、正規の手続きによらずに浮き貸しをする職員がいるなど、さまざまなケースがある。

不正融資にかかわっていた役職員の処分ができにくかったり、社会的な信用の失墜をおそれて内密に処理されることもあるが、融資した金が返済されていればトラブルになることはない。経営危機が表面化した裏側には、県議会議員が経営に参画していたJ社に融資していた大金が焦げついたり、融資していた会社が倒産するなどしたため、深刻な経営危機を招くようになったらしい。

信用組合の監督をしている県商工労働部の幹部の依頼により、M社に三千万円を融資していたが、それも焦げついているという。いままでなら問題にならなかったが、新しい体制に入ったためM社への融資がストップになり、倒産に追い込まれたために問題がさらに大きくなってしまった。

どのようにしても再建の目処《めど》がつかず、組合員に突き上げられたため、新理事長は元理事長と元営業本部長の告訴に踏み切らざるを得なくなった。

背任の疑いがあったために告訴を受理したが、どれほど不正融資の事実を明らかにできるか最初から懸念されていた。関係者から事情を聴いているうちにわかったのは、トラブルの発端になったのが、いままでに取引のあったN家具の社長から融資の申し入れがあった時、それを拒否したことだった。

「枠《わく》がいっぱいであり、これ以上甘やかすわけにはいかない」

「枠がいっぱいなのはわかっているが、おれはいままでに信用組合のめんどうをみてきたんだぞ」

いろいろと過去の取引関係の具体例をあげ、強引に融資を迫ったが融資が継続されなかった

という いきさつがあった。

元理事長は創立時からトップに立って在職二十年が経過しており、「ワンマン」の地位を保ってきた。相談役に退いてからもたくさんの公職を兼ねており、新設された町の条例によって名誉町民に選ばれたが、それから六か月後に在職中の不正融資が暴かれるという皮肉な結果になってしまった。

金融機関にかぎらず、大きな権限を持つ人たちの「公私のケジメ」が求められるが、権力を維持するために乱用されているきらいもある。

元営業本部長は、元理事長の信頼が厚かったが、平日ゴルフをするなど内部の評判は芳しいものではなかった。やり手とか切れ者といわれていたが、もてなしをしない組合員は冷遇され、お歳暮やお中元を届ける組合員は優遇されていたこともわかった。

過去数年間にわたり、同信用組合の融資にかかわった人たちから事情を聴取したり、本店や各支店の貸付元帳を調べるなどした。役員には一億円以内なら無担保融資をしてもよい、という申し合わせが理事会で決められていたため、回収不能な融資が増大したらしかった。

元理事長は預金獲得に最大の力を入れており、元営業本部長は元理事長の意向を汲んで支店長にノルマを科し、預金成績の優劣によって栄転や左遷などの措置をとっていたという。預金を増やすためにずさんな貸付がなされるようになり、利息の請求もおろそかにされていったから破綻するのは明らかのようだった。

S信用組合の役員会において、役員が経営している会社や友人や知人には、担保もとらず融資し、公務員や政治家は信頼できるから無担保融資してもよい、という暗黙の申し合わせがなされていた。

実業家であった元理事長は、自分の会社の経営には熱心であったが、信用組合の運営には素人みたいなところがあり、元営業本部長に任せることが多かったという。素人みたいな人が最高責任者になっている例は少なくなく、このような組織にあっては、部下の責任感が希薄になるのは当たり前のことかもしれない。

T県の繊維会社は元営業本部長の友人であり、貸付残高が九千万円以上にのぼっていた。担保も取らずに一億七千五百万円の追加融資をしたが、すべてが不良債権となっており、これが背任に当たるとして元本部長の逮捕に踏み切り、信用組合の本店や自宅などの捜索をした。

元営業本部長の自宅の敷地は広く、新築されたばかりの鉄筋コンクリートの二階建てのモダンな建物と古い木造の建物があり、入口には「〇〇青少年育成相談所」と「××青少年推進連絡協議会」の看板が掲げられていた。

数年前から競輪や競艇などのギャンブルに凝るようになり、勤務中でもしばしば競艇場などに出かけていたという。組合員以外に貸付けをしたり、担保もとらずに政治家に貸付けるなどしていることがわかったが、逮捕した事実については徹底して否認を貫いていた。

政治家や公務員に返済を求めなかったのは、そのうちに返済してくれると思ったからだという、無担保融資については、健全な会社と思っていたという。焦げついているかもしれないが、手形を担保にしているから不正融資には当たらない、との弁解をくり返していた。

融資しては多額のリベートを受け取っているとの疑いがあったが、会社の経営者が死亡していたため、その事実を明らかにすることができない。この事件の背後にあったのは、ワンマンといわれていた元理事長の信頼を得ていたため、元営業本部長が情実による融資をほしいままにしていたことだった。

ある支店長から話を聴いた。

「元理事長は、つねづね役員や支店長に発破をかけ、信用できない経営者にもどんどん貸付け、その一部を預金させていた。成績を上げた者を重要なポストにつけるようにし、預金の獲得が目標に達しないと左遷させられたため、担保もとらずに貸付けをするようになったのです。元理事長の片腕といわれていた元営業本部長は、リベートをとっては貸付けをしており、このようなやり方が経営危機をまねいたものと思います」

融資した会社が経営の危機に追い込まれた時、倒産を防ぐために追加融資をつづけており、返済と融資という悪循環が繰り返され、融資額はますます拡大して二進《につち》も三進《さつち》もいかなくなったことがわかった。

それでも被疑者が一貫して否認していたため、勾留期間が満期になった時に検察庁では処分保留で釈放した。起訴する資料を固めることができなかったのは、貸借関係にあった一方がすでに死亡しており、不正融資の事実があっても犯意の立証が困難ということであった。

起訴できなかったため、強制捜査がやりすぎだったという非難の声も聞かれたが、犯罪の疑いがあれば捜査しなければならない。任意捜査が原則になっていても、このような事件とあっては強制捜査もやむを得ないのではないか。逮捕したから起訴しなければならないとか、起訴したからには有罪にしなければならない、と考えている捜査員もいるが、刑事裁判にあっては、疑わしきは罰せずが原則になっている。

S信用組合が強制捜査されたことに関係があるかどうかはっきりしないが、その後、G信用組合に吸収合併されて終焉《しゅうえん》を見ることになった。

事故で暴かれた談合と手抜き工事

いくつかの贈収賄事件の捜査をしたため、建設や設計業界の内幕がわかるようになった。まずは国や地方公共団体の施設ができる話になると、受注合戦が始められるが、だれも受注できるというものではない。

契約には一般競争入札、指名競争入札、それに随意契約があるが、ほとんどの公共工事が指名入札によって落札されているという。談合をなくすために一般競争入札が理想的だといわれても、だれもが自由に参加できるとなると、工事途中で倒産されたり、不良工事が行われるおそれがあるから採用が困難だという。

脱法的に利益を上げようとすれば、談合をして高値で入札したり、手抜き工事や脱税をするのが手っ取り早いことになる。建設業界にあっては大手が受注して手数料をとって下請けにまわし、下請けが孫請けに工事をやらせるケースが少なくないという。

採算ベースに合わなくなった孫請けは、利潤を上げるために手抜き工事をしなければならない、ということもあるようだ。建設会社には天下りをしている高級官僚がいるため、検査に手心を加えるために不正に気づいても大目に見る傾向があるという。

手抜き工事によって市道が決壊し、交通事故が発生して乗用車の運転手が軽いけがをした。他人に損害を与えなかったため簡単に処理されたが、当直勤務の時に交通係員からこの話を聞かされ、工事の実態や贈収賄の有無について内偵することにした。

M市から工事を受注したのはA社であり、施工をしていたのが孫請けのN社であったため、現場の責任者から事情を聴いた。工事を請け負ったのはA社であり、それがG社に回され、それが孫請けのN社に回されていたことがわかった。

「交通係の話によると、事故の原因が手抜き工事ということですが」

「いいにくいことなんですが、あまりにも安く請け負ってしまったため、手抜きせざるを得なかったのです。契約書によると、掘り起こした土砂はすべて他の場所に捨て、新たな砂で埋めることになっていたのですが、掘り起こした土砂をそのまま埋め戻したところがあったのです。運送にかかる費用が省けるだけでなく材料費も浮かすことができたため、予算内で仕上げることができたのです。きちんとやっていれば赤字になることはわかっていたし、手抜き工事をするほかなかったのです」

「元請けや下請けは、どのくらいのマージンをとっているんですか」

「はっきりしたことはわかりませんが、元請けは五パーセントのマージンをとって下請けに出しているということですが、下請けのことはよくわかりません」

「工事中に検査があると思うんですが、それでも手抜きができるんですか」

「検査の時に元請けの責任者と役人が一緒にやってきて、工事現場の写真を撮ったりメモしたりしたりしていきました。親会社から検査の日時や場所が指定されていたから、その場所だけきちんと工事をしておいたのです」

現場の責任者はあまり話したがらなかったが、ようやくこれだけのことを聴くことができた。さらに、元請け業者と市の担当者の関係について内偵をすると、A社には市役所の道路課の技術者が天下りしており、工事の大半を請け負っていることがわかった。

設計について知ろうと思い、顔見知りになった設計業者を訪ねた。

「建設業界の談合のことは知っていますが、いまだ設計や見積りの関係がよくわからないんですが」

「私のような小さなところもあれば、技術者を何人もかかえている事務所もあって一概にはいえませんが、ほとんどが随意契約じゃないですか。私のところは公共事業には無関係ですが、同業者からいろいろと情報が入ってきますから、ある程度のことはわかっています。どのような施設がつくられるか、設計や建設にも得手と不得手があるから随意契約によって実績のある設計業者が受注するんじゃないですか」

「公共工事の設計はどのようになっているか、それを教えてくれませんか」

「小さな設計は自治体でできるとしても、大きな施設になると設計業者に頼らざるを得ないのです。自治体によって異なるが、発注側と設計業者が打ち合わせがなされて見積り書が作成されるため他の業者に回すこともできず、随意契約になってしまうようです」

「手抜き工事を調べているうちに、設計の段階で水増しの疑いが出てきたのですが」

「水増しといえるかどうかわかりませんが、見積りに十パーセンぐらいの誤差があるのは常識とされているんです。新たに設計図をつくれば何千万円になるとしても、過去に使った設計図を使用すれば費用を浮かすことができますし、一部の設計を下請けに出すことだってあり、水増しかどうかは見解によって異なるようです」

「建設業者に入札価格が漏れたり、談合がなされたりしていますが、どうしてそのようなことが起こるんですか」

「発注する側が業者に設計を依頼するから、設計業者から親しい建設業者に見積り価格が漏れるんじゃないですか。それだけでなく、同じ学校の卒業生が官庁にも業界にもいますから、仕事に関係がなく親しくつき合っており、秘密が守られる保証がないわけです。建設業者には天下りをした先輩がいたり、退職後、建設会社に就職しようと思ったら便宜を図ってやるんじゃないですか」

「設計会社は、公共工事についてどんな責任を負うことになるんですか」

「設計の料金は見積り価格の何パーセントというようになっているから、できるだけ高く見積ってもらったほうがより多くの収入になるわけです。設計の通りに工事がなされているかどうか、発注者と一緒に検査をすることもありますが、これだってなあなあになっていることもあるんです。建設業者が設計業者に働きかけをすることもあり、そのために見積りが漏れたりするようです」

さらに内偵をつづけていた時、設計の前に地質調査がなされていることがわかった。具体的な事実をつかむことはできなかったが、数か所のボーリングをしなければならないのに、その数をごまかすなどのことが行われているという。

特殊な作業のためにチェック機能のない役所もあり、調査会社のいいなりになってしまうケースもあるというから、企画から完成までさまざまな工程で手抜きができることがわかった。手抜き工事を明らかにすることができたが、どうしても贈収賄の事実をつかむことができなかった。たとえ贈収賄がなかったとしても、高級官僚を受け入れる素地ができていては、ワイロを贈る必要がないのかもしれない。このような図式は何も建設業界だけのことではなく、多くの官公庁に共通するものがあるのではないか。

情が通じた否認の男

詐欺師には徹底して否認する被疑者が多いが、否認していれば起訴されず、起訴されても無罪になる可能性があるからだ。認めてしまえば有罪になることがわかっており、詐欺師のメンツにかけても自白できない、ということなのかもしれない。ところが、否認をしていても起訴をまぬがれないと判断すると、刑を軽くしてもらうために一変して自白する被疑者もいる。だが、取り調べは法令や規則にしばられても、被疑者は黙秘することもウソをつくこともできるため、捜査にさまざまな技術が求められることになる。

商社の社長さんから告訴状が提出されたが、共同事業がネックになっており、犯罪になるかどうかはっきりしない。このままでは告訴を受理することはできないことを伝えると、弁護士さんが詐欺になるといって告訴状を書いてくれたのに、どうして受けつけられないんですか、と強く抗議してきた。

警察権は民事に介入することはできないが、犯罪が成立しているのに拒否したとあっては職務放棄にひとしくなってしまいかねず、新たな資料の提出を求めて検討することにした。

告訴人が帰ってしばらくすると、県警本部の捜査二課から電話があった。

「いま、N代議士の事務所から電話があったが、どうしてG商事の告訴を受理することができないんかね。犯罪の疑いがあったら受理して捜査してくれないか」

どのように指示されようとも、犯罪の疑いがなくては捜査するわけにはいかない。本来は民事で争うべきなのに、費用と時間がかかりすぎるというので告訴してくる例が少なくないし、政治家とのかかわりも気になるところであった。

ふたたびたくさんの書類を持ってGさんが見えたため、説明を聞きながら書類の検討をはじめた。共同事業に関する契約書はあったが具体的な記載にとぼしく、金融機関から借入れたとされる金の使途もはっきりせず、T木材と共同事業を始めるようになったいきさつについて尋ねた。

「知人のSさんから、『鉄骨を雨ざらしにしておいてはもったいないが、何か計画があるんですか。ないようだったら、よいスポンサーがいるから紹介してやってもいいんだが』といって見えたため、東京のTホテルで会うことになったのです」

「どのようなことが打ち合わせられ、どんな契約を取り交わしたんですか」

「Sさんから、『この人がT木材の社長さんで、北海道と大阪で手広く事業をやっており、政界や財界にも顔が利き、資金も豊富だからGさんの期待に添えると思いますよ』と紹介されたのです。するとT社長が、『私が北海道に持っている土地がT市の新産業都市計画に引っかかってしまい、北海道庁に四十億円で売却することができたし、少しでもGさんのお役にたちたいと思っています。五億円ほど必要とのことですが、融資をするに当たって共同事業計画にサインしてもらいたいんです』といわれ、契約書を取り交わしたのです。数日した時に会社に見え、『五億円を融資するんだから手形を担保に入れてくれませんか』といわれたが断ると、『担保にするだけであって取立てには出さないんだから心配はいりませんよ』といわれ、しかたなく手形を切ってしまったのです」

告訴人はこのように供述したが、どうして多額の手形を何回も振り出したのか理解しがたかった。契約書には日付が入っていないだけでなく、取立てに出さないことになっていた手形も第三者の手に渡っており、犯罪の疑いがあったために告訴を受理した。

Sさんについて地元の警察署に照会すると、事業家というのは名ばかりあって、選挙ブローカーのような存在であるという。告訴人のGさんだってN代議士の後援会の役員になっており、選挙を通じてSさんと知り合っており、N代議士がG商事の監査役に名を連ねていたことがあった。

県内の関係者は直接事情を聴取することができたが、県外の関係者については、「捜査嘱託書」を関係警察署に郵送して調査方の依頼をした。つぎつぎと書面による回答が寄せられてきたが、すでにT木材の北海道の事務所は閉鎖になっており、T市の新産業都市計画によるT木材との契約はないという。

Tさんの本名がBであることがわかったため犯罪歴について照会すると、詐欺の容疑で三回逮捕されていたが、二回は不起訴になっており、一回は執行猶予になっていた。MやFの偽名を使ったこともあり、被疑者写真を取り寄せてGさんに確認してもらったところ、TさんとB

さんが同一人物であることがはっきりした。

　犯罪の決め手をつかむことがむずかしかったが、半年ほどかかって被害額の十分の一程度の容疑の裏づけをすることができた。Bさんは任意出頭の呼び出しに応じないだけでなく、いつの間にか所在をくらましてしまい、やむなく逮捕状を得て指名手配をした。

　数か月後、大阪府警によって逮捕されて護送されてきたが、犯罪事実については最初から徹底して否認していた。どのようにして共同事業の壁を崩していくか、それが取り調べの最大の焦点になってきたが、弁解はあまりにも鮮やかであった。

「Gさんの話によると、T市に持っていた土地が四十億円で売れたということになっていますが、ほんとうに土地を持っていたんですか」

「おれは、そんな話はしていないよ」

「Bさんがどのように弁解しようとも、G商事の金をT木材の運営資金に使っていたことは間違いないことですが、このことについてはどのように説明できますか」

「共同事業なんだから、G商事の資金をT木材で使わせてもらっているが、T木材の資金だってG商事に回しているんですよ。これが共同事業の妙味というものであり、Gさんの話を一方的に聞き入れておれを罪人扱いにするなんて絶対に許されないことだ。いくら警察ででっちあげようとしても、その手にはのらないよ。結果的にはウソをついたみたいになってしまったが、初めの計画ではうまくいくはずだったんだ」

　G商事の資金をT木材に流用していたことは認めたものの、あくまでも共同事業の範囲内であるとの主張は変えようとしない。契約書の内容だって具体的に記載されておらず、お互いに有利な解釈をしていたというのが実情らしかった。

「Bさんは、代議士や大手企業の援助が受けられるといっていたようですが、それはだれのことですか」

「その人たちに迷惑をかけたくないから話すことはできませんね。おれが捕まっていることがわかれば、その人たちだってほんとうのことをしゃべらないんじゃないですか。偉い代議士の息子のあっせんで二億円の融資が受けられることになっていたが、その事実を確かめずにGさんに話したために齟齬《そご》をきたしてしまったんだよ」

Bさんの供述にウソがあると思えても、このようにのらりくらりのいい逃れをされてしまった。再勾留になってからも供述にはいささかの変化を見せず、取り調べに期待するのはむずかしい状況になってきた。担当の検事さんから、自供を得ることができないと起訴できないから、事務所の捜索をして新たな証拠を得るようにしてくれないか、との指示があった。

二月初旬の寒い日の朝、部長刑事と二人で捜査用車両で出発し、運転を交替しながら午後二時ごろ大阪の吹田インターチェンジに降りることができた。ロードマップを頼りにして二時間ほど南下してようやくBさんの自宅を捜し当てることができたが、そこに住んでいたのはK子というT木材の事務員であった。

翌日は朝からどんよりとしており、いつ雪が降るかわからないような空模様であったため、早めに大阪駅裏の大家さんを訪ねて事情を聴いた。

「三年ほど前に事務所として貸したのですが、半年ほど前から家賃の支払いがとどこおっており、請求しても支払いがなされていないんです。時々、事務所に暴力団員風の男が出入りしており、出ていってもらおうと思っても連絡がとれなかったのです」

簡単に大家さんの話を供述調書にし、事務所まで急いだ。

十時を少し回った時にK子さんが姿を見せたので、立ち会ってもらって事務所の捜索をはじめた。K子さんは二か月前から働いているため、それ以前のことについてはまったくわからないし、電話の取り次ぎをしているだけであって、事務をとったことはないという。

質問をしながら捜索をはじめたが、最初に手にした帳簿には何も記載されておらず、数個のロッカー内にあった帳簿類もほとんどが白紙のままであった。そのことを指摘すると、事務の引き継ぎを受けていないし、現金の管理はすべて社長がやっていたため金銭出納簿を見たこともないという。

K子さんの話を聴いているうちに、単なる事務員ではなくBさんの情婦かもしれないと勘ぐってしまった。はっきりした根拠があったわけではないが、Bさんの自宅に住んでいたり、Bさんをかばっている言葉が随所に見られたからであった。

捜索を終えてから、ふたたび本格的な取り調べを始めた。

「きのう、事務所の捜索をしてきて事務員のK子さんに会ってきたよ。事務所にあった帳簿類はほとんどが白紙であったし、肝心な金銭出納簿だって何も記載されていなかったけれどどうしてですか」

このような質問をした時、Bさんの表情にわずかの変化が見られ、すぐには答えようとはしなかった。

「前にいた女子事務員がずさんな仕事をしていたのでクビにしたが、K子だって事務になれていなかったからですよ。G商事との関係についてはすべて私が取り扱っていたが、金銭出納簿は旅行中に紛失してしまったんです」

「事務所には、Bさんが交際しているという政財界の人の名刺は見当たらなかったが、地元の暴力団幹部の名刺が何枚もあったよ。その人たちとはどのような付き合いがあったんですか」

「その人たちに迷惑をかけたくないから、何もしゃべりたくはないね」

「ある暴力団の幹部から、『おれたちは警察で捕まえることのできないワルとか、警察で見逃している悪徳業者を懲らしめており、世の中に役に立つことをしているんだよ』という話を聞いたことがあるよ。もめごとがあると暴力団を頼んだり、債権の回収を暴力団に頼んだりする人がいるけれど、どんな関係なんですか」

「それは、旦那《だんな》さんの想像に任せるよ」

強がりをいっていたBさんも、いくつもの不利な証拠を突きつけられ、だんだんと返答に窮するようになり、しばらく考えてから口を開いた。

「おれが韓国人だから、警察ではGさんの話を一方的に信用し、おれを犯人に仕立てようとしているんだ。おれだってG商事に多額の融資をしており、さんざんおれを利用しておきながら、事業に失敗した付けをおれに押しつけるなんて許されないことだ。だれに何といわれようとも、これは完全な民事の問題であり、弁償を求めてくるならともかく、詐欺で告訴するなんて筋違いというものだ。地元の代議士が役員になっているというから警察でも代議士から圧力がかかっているんじゃないのかね。そっちがその気ならこっちだってとことん争うだけだ」

「どのように争おうと、どんな弁解をしようとBさんの自由だけれど、韓国人であるとか日本人であるとか、代議士であるとか犯罪者であるとか、金持ちであるとか貧乏人であるとか、そのようなことで差別をする気持ちはまったくないんです。呼び出しにも応じないし、行方をくらましたために逮捕したが、犯人と決まったわけではなく、私だって犯人扱いはしていないつもりですよ」

「むかしから、日本人は朝鮮人といってバカにしていたじゃないですか」

「そんなことが戦争前にあったかもしれないが、それだってすべての日本人がそうしていたわけではないと思うんです。Bさんに信じてもらえるかどうかわからないが、沖縄の戦争では朝鮮の軍夫の人たちと一緒に壕掘りの作業をしたことがあったんです。未成年者であった私にはタバコが支給されたが、成人であった朝鮮の軍夫には支給されなかったためにタバコを与えていたのです。捕虜になって収容所に入ると、戦時中に部下や朝鮮人の軍夫をいじめた上官が仕返しをされたが、私は軍夫の人たちからタバコのお礼をいわれたのです。戦争中は朝鮮が独立国になるとか、部下から仕返しされるなんてまったく考えられなかったことですが、戦争に負けたとたん、世の中が大きく変わったのです。いまはBさんの取り調べをしている立場にありますが、将来、Bさんのお世話にならないともかぎらないわけです」

取り調べというより、人によって差別したくないということがわかってもらうため、こんなことを一気にしゃべってしまった。それまでは強気の姿勢を崩すことがなかったが、心境の変化をきたしたらしくだんだんとおとなしくなった。

「先生には、まいってしまったよ」

「それはそうと、Bさんがウソをいっているのかほんとうのことをしゃべっているのか、Bさんにはよくわかっていることじゃないですか。どんなに上手に他人をだますことができても、自分自身をだますことはできないし、証拠を隠滅したとしても隠滅したという事実は残ってしまうものですよ」

「いままで何度も警察で取り調べられてきたから、どのように弁解したらよいかわかっていたんだよ。否認していれば起訴されないこともあるし、起訴されても無罪を勝ち取ることもできるが、自供してしまえば刑務所に入れられてしまうんだよ」

「そんなことを考えるより、これからまじめに生きることを考えたらどうですか」

「出直しができるかどうかわからないが、こんどこそ足を洗うことにするよ」

Bさんの言葉を素直に信ずることはできなかったが、なぜか、信じたい気持ちにさせられていた。

だまされないためのキーワード

あ 悪徳の弁護士　詐欺師の味方

い 色や金で　狂った人生

う 裏口で　入学できるとささやかれ

え エサをまき　食いついたら釣り上げる

お 大きな宣伝　小さな中身

か 貸してくれ　絶対返すとウソをいい

き 危険です　その商法が危険です

く 黒だって　トンネルくぐると白くなる

け　刑事だと　いわれただけで信用し

こ　コンピュータも　人の手でだまされる

さ　裁判に勝ったものの　銭とれず

し　信用の名も汚されている　クレジット

す　すすめられ　買った商品役立たず

せ　政治献金にも　ワイロの疑い

そ　粗悪品　見せかけだけは高級品

た　談合と手抜きと脱税で　不当な利得

ち　チラシ見て　飛びついたのが運の尽き

つ　作り話　裏打ちされたニセ証書

て　電話で振り込め　まずは疑え

と　倒産し　会社も人も蒸発し

な　内職商法　金を出したが金とれず

に　ニセモノと本物　どちらが本物

ぬ　盗みより　だましが怖いお年寄り

ね　ネズミ講　末の末はどうなるの

の　飲まされて　後の付けが大になり

は　パクリ屋と知らずに　礼をいい

ひ　人頼み　勝手に名前を利用され

ふ　福祉名義の　だましの募金

へ　ペーパーで稼ぐは　インチキ会社

ほ　ホステスの陰で糸引く　暴力団

ま　回された手形の中に　買い手形

み　見本は立派　送られたのは粗悪品

む　無理やりの契約　結ばぬが賢明

め　名簿さえ　高価で売り買い情報屋

も　儲け話　うまい話に落し穴

や　約束を　平気で破るイカサマ師

ゆ　融通の手形を出せば　身の破滅

よ　用心に　用心重ねて被害を防ぐ

ら　乱脈の経理さえも　整理され

り　立派な建物　詐欺師の小道具

る　ルールさえ　巧みに利用仕掛け人

れ　礼儀と親切だって　だましの手段

ろ　論より証拠も　ウソだった

わ　わざと負け　後はだますのテクニック

【著者紹介】
深沢敬次郎（ふかさわ・けいじろう）
大正14年11月15日、群馬県高崎市に生まれる。県立高崎商業学校卒業。太平洋戦争中、特攻隊員として沖縄戦に参加、アメリカ軍の捕虜となる。群馬県巡査となり、前橋、長野原、交通課、捜査一課に勤務。巡査部長として、太田、捜査二課に勤務。警部補に昇任し、松井田、境、前橋署の各捜査係長となる。警察功労章を受賞し、昭和57年、警部となって退職する。平成6年4月、勲五等瑞宝章受賞。著書：「捜査うらばなし」あさを社、「いなか巡査の事件手帳」中央公論社（中公文庫）、「泥棒日記」上毛新聞社、「さわ刑事と詐欺師たち」近代文芸社、「深沢警部補の事件簿」立花書房、「巡査の日記帳から」彩図社、「船舶特攻の沖縄戦と捕虜記」元就出版社　現住所：群馬県高崎市竜見町17の2

だます人 だまされる人

2006年7月29日　第1刷発行

著　者　深　沢　敬次郎
発行人　浜　　　正　史
発行所　株式会社　元就《げんしゅう》出版社
〒171-0022 東京都豊島区南池袋4-20-9
サンロードビル2F-B
電話　03-3986-7736 FAX 03-3987-2580
振替　00120-3-31078
装　幀　純　谷　祥　一
印刷所　中央精版印刷株式会社

ISBN4-86106-041-9　C0036

深沢敬次郎

船舶特攻の沖縄戦と捕虜記

これが戦争だ！　慶良間戦記の決定版

第１期船舶特別幹部候補生１８９０名、うち１１８５名が戦病死、戦病死率63パーセント――知られざる船舶特攻隊員の苛酷な青春。

本書は昭和19年４月に軍人となり、昭和21年11月に復員するまでの2年7か月間の体験記である。何度も死の危険にさらされて、餓死寸前でアメリカ軍の捕虜になった兵士の物語。長い沈黙を破って書き下ろしたレクイエム。

■定価一八九〇円（５％税込）